GERHARD PFENNIG

Der Begriff des öffentlichen Dienstes und seiner Angehörigen

Schriften zum Öffentlichen Recht

Band 4

# Der Begriff des öffentlichen Dienstes und seiner Angehörigen

Von

Dr. Gerhard Pfennig

Oberregierungsrat

DUNCKER & HUMBLOT / BERLIN

# Inhalt

Teil C

**Der Begriff des öffentlichen Dienstes im Grundgesetz**

# Abkürzungen

| | |
|---|---|
| ABl. | Amtsblatt |
| AktG | Aktiengesetz |
| AOG | Gesetz zur Ordnung der nationalen Arbeit von 1934 |
| AOGö | Gesetz zur Ordnung der Arbeit in öffentlichen Verwaltungen und Betrieben von 1934 |
| AöR | Archiv des öffentlichen Rechts |
| AP | Nachschlagewerk des Bundesarbeitsgerichts; Arbeitsrechtliche Praxis |
| ARBlattei | Arbeits-Rechts-Blattei |
| Art. | Artikel |
| AuR | Arbeit und Recht; Zeitschrift für Arbeitsrechtspraxis |
| ATO | Allgemeine Tarifordnung für Gefolgschaftsmitglieder im öffentlichen Dienst |
| AVG | Angestelltenversicherungsgesetz |
| AZO | Arbeitszeitordnung |
| BAG | Bundesarbeitsgericht |
| BAGE | Entscheidungen des Bundesarbeitsgerichts |
| BayrVGHE | Sammlung von Entscheidungen des Bayerischen Verwaltungsgerichtshofs |
| BBesG | Bundesbesoldungsgesetz |
| BBG | Bundesbeamtengesetz |
| BEG | Bundesentschädigungsgesetz |
| BetrVG | Betriebsverfassungsgesetz |
| BesG | Besoldungsgesetz von 1927 |
| BGB | Bürgerliches Gesetzbuch |
| BGBl. | Bundesgesetzblatt |
| BGH | Bundesgerichtshof |
| BGHZ | Entscheidungen des Bundesgerichtshofs in Zivilsachen |
| BMdI | Bundesminister des Innern |
| BMinG | Bundesministergesetz |
| BPersG | Bundespersonalgesetz von 1950 |
| BR | Bundesrat |
| BRRG | Beamtenrechtsrahmengesetz |
| BSozG | Bundessozialgericht |
| BT | Bundestag |
| BVerfG | Bundesverfassungsgericht |
| BVerfGE | Entscheidungen des Bundesverfassungsgerichts |
| BVerwG | Bundesverwaltungsgericht |
| BVerwGE | Entscheidungen des Bundesverwaltungsgerichts |
| BWGöD | Wiedergutmachungsgesetz für Angehörige des öffentlichen Dienstes |
| DBG | Deutsches Beamtengesetz von 1937 |
| DJ | Deutsche Justiz |
| DÖD | Der öffentliche Dienst |
| DÖV | Die Öffentliche Verwaltung |
| DR | Deutsches Recht |

| | |
|---|---|
| Drucks. | Drucksache |
| DRZ | Deutsche Rechts-Zeitschrift |
| DVBl | Deutsches Verwaltungsblatt |
| GewO | Gewerbeordnung |
| GG | Grundgesetz für die Bundesrepublik Deutschland |
| GMBl. | Gemeinsames Ministerialblatt |
| GS | Gesetzsammlung |
| GVBl. | Gesetz- und Verordnungsblatt |
| G 131 | Gesetz zur Regelung der Rechtsverhältnisse der unter Artikel 131 des Grundgesetzes fallenden Personen |
| HCHE | Herrenchiemseer Entwurf |
| HRR | Höchstrichterliche Rechtsprechung |
| JöR | Jahrbuch des öffentlichen Rechts der Gegenwart |
| JR | Juristische Rundschau |
| JW | Juristische Wochenschrift |
| JZ | Juristenzeitung |
| KG | Kammergericht |
| Ktr. | Kommentar |
| LAG | Landesarbeitsgericht |
| MDR | Monatsschrift für Deutsches Recht |
| MinBlFin | Ministerialblatt des Bundesministers der Finanzen |
| MRVO | Militärregierungs-Verordnung |
| MSchG | Mieterschutzgesetz |
| NDBZ | Neue Deutsche Beamtenzeitung |
| NF | Neue Folge |
| NJW | Neue Juristische Wochenschrift |
| OVG | Oberverwaltungsgericht |
| PersVG | Personalvertretungsgesetz |
| Pr.BBl. | Preußisches Besoldungsblatt |
| RABl. | Reichsarbeitsblatt |
| RAG | Reichsarbeitsgericht |
| RBB | Reichsbesoldungsblatt |
| RBG | Reichsbeamtengesetz von 1873 |
| RdA | Recht der Arbeit (Zeitschrift für die Wissenschaft und Praxis des gesamten Arbeitsrechts) |
| RFH | Sammlung der Entscheidungen und Gutachten des Reichsfinanzhofs |
| RGBl. | Reichsgesetzblatt |
| RGR-Kom | Kommentar zum BGB, hrsg. von Reichsgerichtsräten und Bundesrichtern |
| RGZ | Entscheidungen des Reichsgerichts in Zivilsachen |
| RiA | Das Recht im Amt |
| RMBliV | Ministerialblatt des Reichs- und Preußischen Ministeriums des Innern |
| RNotO | Reichsnotarordnung |
| RStBl. | Reichssteuerblatt |
| RVersG | Reichsversorgungsgesetz |
| RVO | Reichsversicherungsordnung |
| RzW | Rechtsprechung zur Wiedergutmachung |
| SoldG | Soldatengesetz |
| StGB | Strafgesetzbuch |
| StVZO | Straßenverkehrs-Zulassungs-Ordnung |

| | |
|---|---|
| TO A | Tarifordnung A für Gefolgschaftsmitglieder (Angestellte) im öffentlichen Dienst |
| TO B | Tarifordnung B für Gefolgschaftsmitglieder (Arbeiter) im öffentlichen Dienst |
| VerwR | Verwaltungsrecht |
| VGH | Verwaltungsgerichtshof |
| VO | Verordnung |
| Vorbem. | Vorbemerkung |
| VVDStRL | Veröffentlichungen der Vereinigung der Deutschen Staatsrechtslehrer |
| VwGO | Verwaltungsgerichtsordnung |
| WehrpflG | Wehrpflichtgesetz |
| WRV | Weimarer Reichsverfassung |
| ZBR | Zeitschrift für Beamtenrecht |
| ZevKR | Zeitschrift für evangelisches Kirchenrecht |

Einleitung

# Die Bedeutung des Begriffs des öffentlichen Dienstes

Der Begriff des öffentlichen Dienstes hat erstmalig nach dem zweiten Weltkrieg durch einzelne Landesverfassungen, vor allem aber durch das Grundgesetz der Bundesrepublik Deutschland vom 23. Mai 1949 Eingang in das deutsche Verfassungsrecht gefunden[1]. Damit hat eine sich seit Anfang dieses Jahrhunderts anbahnende Entwicklung einen gewissen Abschluß erhalten: in der Gesetzgebung und auch sonst in zunehmendem Maße für Beamte, Angestellte und Arbeiter der öffentlichen Verwaltung einen gemeinsamen Oberbegriff des öffentlichen Dienstes zu verwenden. Das erfordert, sich über die Bedeutung, den Inhalt und das Wesen dieses Begriffs klar zu werden; denn seine Verwendung neben der des Begriffs des Berufsbeamtentums führt in einen rechtlich und politisch umstrittenen Fragenkreis[2]. Die Aufnahme dieses Begriffs in das Grundgesetz kann für die gesamte Entwicklung des Rechts des öffentlichen Dienstes von großer Tragweite werden[3].

Die Auffassungen darüber, was unter dem Begriff des öffentlichen Dienstes zu verstehen ist, gehen weit auseinander. Schon der Sprachgebrauch zeigt diese Unterschiede auf. Während auf der einen Seite vom „Arbeitsrecht des öffentlichen Dienstes" gesprochen wird[4], gebrauchen andere Schriftsteller bei der Erwähnung von Angehörigen des öffentlichen Dienstes den Ausdruck „öffentliche Arbeiter und Angestellte"[5] oder auch „öffentliches Dienstpersonal"[6], offenbar um damit zu zeigen, daß es sich ihrer Meinung nach um einen Bereich des

---

[1] Auch in Art. 3 der Verfassung der sogen. Deutschen Demokratischen Republik vom 7. Oktober 1949 erscheint der Begriff. Er geht jedoch von ganz anderen staatsrechtlichen Voraussetzungen aus, so daß er bei der vorliegenden Untersuchung außer Betracht bleiben muß (vgl. *Grundmann*, Die Rechtsstellung der Angestellten des öffentlichen Dienstes in der DDR; *Külz*, Der öffentliche Dienst in der Sowjetzone). Ein anschauliches Beispiel für die sich aus dieser Unterschiedlichkeit ergebenden Problematik liefert BVerwGE 9, 314.

[2] *Maunz*, S. 248; *Gerber*, DVBl 1951, 489.

[3] Sehr weitgehende Folgerungen zieht vor allem *Wacke* in seiner Schrift „Grundlagen des Öffentlichen Dienstrechts".

[4] *Roeder*, DJ 1942, 807; *Neumann-Duesberg*, RdA 1953, 361. Beide wollen damit offensichtlich den arbeitsrechtlichen Ausgangspunkt betonen.

[5] *Reinhardt*, RdA 1954, 41.

[6] *Giese*, VerwR S. 51.

öffentlichen Rechts handelt. Noch stärker macht sich der Unterschied der Auffassungen bei der Begriffsbestimmung selbst bemerkbar. Während die einen entweder einen klar umrissenen Begriff als feststehend voraussetzen[7] oder sich um Schaffung eines solchen Begriffs bemühen[8], stellen die meisten anderen Schriftsteller — insbesondere nach Vergleich der einschlägigen gesetzlichen Bestimmungen — fest, daß es keinen allgemein gültigen Begriff des öffentlichen Dienstes gebe, sondern daß er jeweils nach dem Sinn und dem Zweck der ihn verwendenden Vorschrift zu ermitteln sei[9].

Nun ist in der Tat der Begriff des öffentlichen Dienstes in den letzten Jahrzehnten vielfach in Gesetzen, Verordnungen, Tarifordnungen verwendet und dabei in der Regel bestimmt worden, was unter „öffentlichem Dienst" im Sinne der jeweiligen Vorschrift zu verstehen war. In jüngster Zeit wird der Begriff jedoch vielfach ohne eine derartige Bestimmung verwendet. Auch das Grundgesetz enthält den Begriff des öffentlichen Dienstes an zahlreichen Stellen ohne nähere Erläuterung. Es erscheint daher notwendig, diesen Begriff und den der Angehörigen des öffentlichen Dienstes näher zu untersuchen. Dabei wird zu zeigen sein, wie der Begriff entstanden ist, wie er sich entwickelt hat und wie er vom Gesetzgeber gebraucht worden ist. Anschließend wird man nach den Kriterien zu suchen haben, die den öffentlichen von dem privaten Dienst unterscheiden, um damit das Wesen des öffentlichen Dienstes erkennen zu können. Dann wird man prüfen können, in welcher Weise das Grundgesetz den Begriff verwendet.

---

[7] *Gerth*, DÖD 1955, 21; *Gröbing*, AuR 1959, 225.
[8] *Gerber*, DVBl 1951, 489; *Denecke*, RdA 1955, 401.
[9] *Janke*, DR 1941, 2088; *Witting*, ARBlattei; *Plog-Wiedow*, § 64 BBG Anm. 1; *Hueck-Nipperdey*, Bd. I S. 70; *Dietz*, Abgrenzung S. 148; ebenso auch BGH-NJW RzW 1957, 244; KG-JR 1951, 113; BVerwGE 9, 314 (316).

Teil A

# Die Entwicklung des Begriffs des öffentlichen Dienstes

## I. Von den Anfängen bis 1933

1. Der Begriff des öffentlichen Dienstes war *zu Beginn dieses Jahrhunderts* im Verfassungsrecht und in der Gesetzgebung in dem hier zu untersuchenden Sinne unbekannt[1]. Lediglich in der Literatur erschien er vereinzelt als Bezeichnung für den Dienst des Beamten[2] oder in Verbindung mit dem Begriff der öffentlichen Dienstpflicht[3]. Unter öffentlichem Dienst wurde damals im weitesten Sinne jede Tätigkeit verstanden, die von Staatsuntertanen nach Maßgabe des öffentlichen Rechts zur Verwirklichung staatlicher Aufgaben entfaltet wurde[4]. An die Tätigkeit von Angestellten und Arbeitern im Dienste des Staates wurde dabei nicht gedacht.

Dies änderte sich auch nach dem ersten Weltkrieg nicht sofort. Die *Weimarer Verfassung* ging im allgemeinen nur auf das Recht der Beamten ein. Lediglich bei der Garantie des landsmannschaftlichen Prinzips in Artikel 16 WRV sprach sie von „Beamten, Angestellten und Arbeitern der Reichsverwaltung". Dagegen waren an den Stellen der Verfassung, wo die entsprechende Bestimmung des Grundgesetzes bereits von Angehörigen des öffentlichen Dienstes spricht[5], Angestellte und Arbeiter der öffentlichen Verwaltung noch nicht aufgeführt.

Die *preußische Verfassung* von 1920 verwendete den Begriff des öffentlichen Dienstes ebenfalls noch nicht. Aber in den Artikeln 11, 36 und 75 wurde bereits nicht nur den Beamten, sondern auch den Angestellten und Arbeitern des Staates und der Körperschaften des

---

[1] Der Begriff ist damals lediglich vereinzelt zur Bezeichnung öffentlicher Sachen und Gebäude verwendet worden, z. B. in § 4 c des preuß. Grundsteuergesetzes (GS 1861 S. 253) oder in § 123 StGB (RGBl. 1871 S. 127). In Art. 105 der Algeciras-Akte (RGBl. 1906 S. 891) wurde der Ausdruck „öffentlicher Dienst" nur zur Übersetzung des entsprechenden französischen Ausdrucks verwendet. Die Reichsversicherungsordnung von 1911 hat schließlich den Begriff nicht von Anfang an gekannt, sondern ihn in § 169 erst durch die Novelle vom 12. November 1939 (RGBl. I S. 2414) aus kriegsbedingten Gründen eingefügt erhalten.

[2] *Fleiner*, S. 94.

[3] O. *Mayer*, VerwR II S. 243.

[4] *Triepel*, S. 5.

[5] Z. B. Art. 10 Ziff. 3, Art. 39 sowie Art. 128 bis 131 WRV.

öffentlichen Rechts zugesichert, daß sie zur Ausübung ihrer Tätigkeit als Abgeordnete sowie als Mitglieder des Staatsrates oder einer Provinzial-, Kreis- und Gemeindevertretung keines Urlaubs bedürften. Diese Aufzählung umfaßte einen Personenkreis, den man heute als „Angehörige des öffentlichen Dienstes" bezeichnen würde. Er wurde jedoch sonst in der Verfassung nicht weiter angesprochen. Vielmehr enthielt auch die preußische Verfassung in den Artikeln 77 bis 80 einen besonderen Abschnitt, der nur den Staatsbeamten, nicht etwa den — übrigen — Personen des öffentlichen Dienstes gewidmet war.

Ebenso war es in den *Verfassungen der übrigen deutschen Länder,* sofern sie diese Frage überhaupt regelten[6].

2. Erst in der Zeit nach Erlaß dieser Verfassungen trat der Begriff des öffentlichen Dienstes in der Gesetzgebung in Erscheinung, und zwar zunächst im *Beamtenrecht.* Während das Reichsbeamtengesetz vom 31. März 1873[7] bis dahin nur den Begriff des Reichs- oder Staatsdienstes kannte, wurde in Artikel 2 des 9. Änderungsgesetzes des Besoldungsgesetzes vom 18. Juni 1923[8] erstmalig durch Änderung der Vorschrift des § 57 über das Ruhen der Versorgungsbezüge im Falle eines anderweitigen Einkommens aus der Verwendung im Reichs-, Staats- oder sonstigen „öffentlichen Dienst" dieser Begriff in die Gesetzgebung eingeführt. Als eine derartige Verwendung wurde jede Tätigkeit ohne Rücksicht auf die Art und Dauer der Beschäftigung angesehen, deren Bezahlung ganz oder zum Teil unmittelbar oder mittelbar aus öffentlichen Mitteln floß. Klargestellt werden sollte damit, daß auch Einkommen anrechenbar war, das nicht aus einer Tätigkeit „in der Eigenschaft eines Beamten", sondern aus einer privatrechtlichen Beschäftigung ohne Ausübung staatlicher Hoheitsrechte herrührte, wenn es nur zu Lasten der „öffentlichen Hand" ging[9]. Zur öffentlichen Hand zählten auch privatrechtliche Vereinigungen, Einrichtungen und Unternehmungen, deren Einkünfte entweder auf Grund gesetzlichen Zwanges aufgebracht wurden oder unmittelbar aus öffentlichen Kassen flossen oder deren Kapital sich überwiegend in öffentlicher Hand befand.

Diese Entwicklung lief im preußischen Beamtenrecht zu der im Reich parallel[10].

---

[6] Z. B. § 35 der Verfassung des Freistaates Bayern vom 14. August 1919; § 23 I der Verfassung Württembergs vom 25. September 1919; Art. 9 der Verfassung der Freien und Hansestadt Hamburg vom 7. Januar 1921; Art. 16 der Verfassung des Freistaates Braunschweig vom 6. Januar 1922 (alle abgedruckt bei *Ruthenberg,* Verfassungsgesetze des Deutschen Reiches und der deutschen Länder nach dem Stande vom 1. Februar 1926).

[7] RGBl. S. 61.

[8] RGBl. I S. 385.

[9] Vgl. Drucksache Nr. 5897 des Deutschen Reichstages 1920/1923.

[10] Vgl. die Darstellung in BGHZ 20, 15 (19).

In diesen Jahren erschien der Begriff des öffentlichen Dienstes außerdem in den Vorschriften über die Nebentätigkeit. Die Reichsbeamten wurden, ebenso wie die Beamten der Länder und Gemeinden, durch Artikel 13 der Personal-Abbau-Verordnung vom 27. Oktober 1923[11] verpflichtet, jedes Nebenamt und jede Nebenbeschäftigung im öffentlichen Dienst anzunehmen, sofern sie ihrer Vor- oder Berufsausbildung entsprach. Eine Erläuterung dessen, was unter „öffentlichem Dienst" zu verstehen war, gab das Gesetz jedoch nicht.

Schließlich entwickelte in dieser Zeit auch Jellinek seinen Begriff des öffentlichen Dienstes, der für ihn im wesentlichen Beamtendienst war[12].

3. *Außerhalb des Beamtenrechts* tauchte der Begriff des öffentlichen Dienstes noch zögernder auf. Zwar wurden vom Anfang dieses Jahrhunderts an in zunehmendem Maße öffentliche Aufgaben von Angestellten und Arbeitern erfüllt[13]. Zunächst fand der Begriff jedoch für diese Art von Arbeitnehmern noch keine Verwendung.

Die arbeitsrechtliche Literatur dieser Zeit kannte den Begriff nicht. Sogar Wacke lehnte damals noch in seiner Habilitationsschrift „Das Dienstrecht der Behördenangestellten"[14] den Ausdruck „Personen des öffentlichen Dienstes" ab. Auch die Gesetzgebung[15] und die ersten Tarifverträge für Behördenangestellte und Behördenarbeiter[16], durch die erstmalig für die Beschäftigung bei den öffentlichen Behörden und Betrieben des Reichs sowie den öffentlichrechtlichen Körperschaften unter der Dienstaufsicht des Reichs bestimmte Sonderregelungen getroffen wurden, enthielten den Begriff des öffentlichen Dienstes nicht.

Erst die Spar- und Notverordnungen des Reichspräsidenten aus den Jahren 1930/1931 brachten dann vereinzelt sowohl den Begriff selbst als auch neue Gesichtspunkte für seine Bestimmung. So faßte die Verordnung zur Behebung finanzieller, wirtschaftlicher und sozialer Notstände vom 26. Juli 1930[17] unter dem Titel „Reichshilfe der Personen des öffentlichen Dienstes" erstmalig Beamte und Angestellte zusammen. Zum anderen bezog diese Verordnung ebenso wie spätere Verordnungen[18] in die Spar- und Hilfsmaßnahmen der öffentlichen

---

[11] RGBl. I S. 999.
[12] VerwR. 1. Aufl. 1928 S. 343.
[13] Siehe insbesondere die eingehenden Darstellungen von *Wacke*, Das Dienstrecht der Behördenangestellten S. 83 ff.; Zur Neugestaltung des Beamtenrechts S. 401 ff.
[14] a.a.O. S. 9.
[15] Z. B. das Betriebsrätegesetz vom 4. Februar 1920 (RGBl. I S. 147).
[16] Reichsangestellten-Tarifvertrag vom 2. Mai 1924 (RBB S. 113) sowie preußischer Angestellten-Tarifvertrag vom 30. Juni 1924 (Pr. BBl. S. 244).
[17] RGBl. I S. 311.
[18] Z. B. Erste Notverordnung vom 1. Dezember 1930 (RGBl. I S. 517) und Dritte Notverordnung vom 6. Oktober 1931 (RGBl. I S. 537).

Körperschaften auch privatrechtliche Unternehmungen und Einrichtungen ein, bei denen diese Körperschaften mit mehr als 50 v.H. des Kapitals beteiligt waren.

## II. Von 1933 bis 1945

Vom Jahre 1933 an wurde der Begriff des öffentlichen Dienstes häufiger verwendet.

### 1. Der Begriff im Beamtenrecht

Im Deutschen Beamtengesetz vom 26. Januar 1937[19] wurde der Begriff in den Bestimmungen über das Ruhen der Versorgungsbezüge (§ 127 DBG) sowie die Übernahme einer Nebentätigkeit (§ 10 DBG) fortentwickelt. Dabei stellten das DBG und die Verordnung über die Nebentätigkeit der Beamten vom 6. Juli 1937[20] gegenüber,

*was öffentlicher Dienst war:* jede Beschäftigung im Dienste des Reichs oder anderer Körperschaften, Anstalten und Stiftungen des öffentlichen Rechts oder Verbänden von solchen — dem,

*was als öffentlicher Dienst galt:* die Beschäftigung bei Vereinigungen, Einrichtungen und Unternehmungen, deren gesamtes Kapital (Grund-, Stammkapital) sich in öffentlicher Hand befand, wobei als sogen. „öffentliche Hand" alle Gebiets- und Nichtgebietskörperschaften sowie Anstalten und Stiftungen des öffentlichen Rechts in Betracht kamen.

Mit der letzteren Regelung hatte der Gesetzgeber einem alten Streit zwischen dem Reichsversorgungsgericht[21] und dem Reichsgericht ein Ende gesetzt[22]. Das Reichsversorgungsgericht[23] hatte den Begriff des Einkommens aus öffentlichen Mitteln weiter gefaßt als das Reichsgericht. Es hielt für entscheidend, ob die Zahlung wirtschaftlich zu Lasten der öffentlichen Hand ging, während das Reichsgericht[24] eine Vergütung aus öffentlichen Mitteln verneinte, wenn es sich um eine juristische Person des Privatrechts handelte, selbst wenn die Gesellschaft mit öffentlichen Mitteln gegründet war. Es war der Meinung, daß solche Mittel, wenn sie auch anfänglich öffentliche gewesen sein

---

[19] RGBl. I S. 39.
[20] RGBl. I S. 753.
[21] Das Reichsversorgungsgericht war gemäß § 23 des Gesetzes über das Verfahren in Versorgungssachen i. d. F. vom 20. März 1928 (RGBl. I S. 71) die oberste Spruchbehörde in Versorgungssachen. Es hatte daher u. a. auch über die Frage zu entscheiden, ob eine Versorgung nach § 62 RVersG ruhen mußte, weil die Versorgungsberechtigte neben den Versorgungsgebührnissen auch Einkommen aus öffentlichen Mitteln bezog, — also über den gleichen Tatbestand, über den das Reichsgericht bei den Beamten zur Frage des Ruhens von Versorgungsbezügen nach § 57 RBG zu entscheiden hatte.
[22] *Brand*, § 127 DBG Anm. 2 a.
[23] JW 1927 S. 1608 Nr. 11.
[24] RGZ 122, 295; 128, 183; HRR 1933 Nr. 672.

mögen, doch erst durch privaten Rechtsakt für die Zwecke der Vergütung verwendbar gemacht worden seien. Der Gesetzgeber löste dieses Problem auf einer Mittellinie.

Der Vollständigkeit halber sei noch darauf hingewiesen, daß nach den Nebentätigkeitsvorschriften auch „jede sonstige Tätigkeit", die auf Anordnung des Dienstvorgesetzten ausgeübt wurde, als öffentlicher Dienst gelten sollte. Dieser Zusatz hatte zu Befürchtungen Anlaß gegeben, daß der Begriff des öffentlichen Dienstes uferlos ausgedehnt werden könnte[25]. Fischbach[26] beschränkte daher diese Art von Tätigkeiten mit Recht auf solche, durch die es öffentliche Belange, sei es finanzieller Art, sei es bei der Durchführung von Aufsichtsrechten, zu wahren galt.

## 2. Der Begriff im Arbeitsrecht

Im Arbeitsrecht wurde der Begriff des öffentlichen Dienstes durch den sechsten Abschnitt „Arbeit im öffentlichen Dienst" des Gesetzes zur Ordnung der nationalen Arbeit vom 20. Januar 1934[27] eingeführt. Dieser Abschnitt bestimmte, daß das Gesetz auf Angestellte und Arbeiter im öffentlichen Dienst keine Anwendung fand, sondern daß dafür ein besonderes Gesetz geschaffen werde, nämlich das spätere Gesetz zur Ordnung der Arbeit in den öffentlichen Verwaltungen und Betrieben (AOGö) vom 23. März 1934[28].

Das AOGö unterschied zwischen den Verwaltungen und den Betrieben der öffentlichen Körperschaften, Anstalten und Stiftungen. Die Verwaltungen fielen schlechthin in seinen Geltungsbereich, gleichgültig, welchen Zweck sie verfolgten. Bei den Betrieben dagegen unterschied das Gesetz zunächst zwischen Betrieben zur Befriedigung wirtschaftlicher Bedürfnisse und Betrieben mit anderen als wirtschaftlichen Zwecken. Die letzteren gehörten zum öffentlichen Dienst, wenn sie entweder von einer öffentlichen Verwaltung geführt wurden und deren allgemeinen Dienstaufsicht unterstanden oder wenn sie Betriebe mit eigener Rechtspersönlichkeit waren, auf deren Leitung die öffentliche Hand entscheidenden Einfluß hatte. Bei Betrieben mit wirtschaftlichem Zweck mußte hinzukommen, daß die Befriedigung der wirtschaftlichen Bedürfnisse, der sie dienten, durch Gesetz oder

---

[25] *Nadler-Wittland-Ruppert*, § 10 DBG Anm. 24; *Janke*, DR 1941, 2090.

[26] § 10 DBG Anm. B I 8. In seinem Kommentar zu § 69 BBG S. 491 Fußnote 11 Ziff. 3 verneint Fischbach zwar jetzt die Möglichkeit, jemanden zur Übernahme einer Tätigkeit als Aufsichtsratsmitglied verpflichten zu können, weil dieses Organ gewählt werden müsse. Er übersieht aber dabei, daß nach § 88 Abs. 1 AktG bestimmten Aktionären durch die Satzung das Recht eingeräumt werden kann, Mitglieder in den Aufsichtsrat auch ohne Wahl zu entsenden. Ein solches Recht besteht in der Regel bei den Gesellschaften, bei denen die öffentliche Hand ganz oder überwiegend beteiligt ist.

[27] RGBl. I S. 45.

[28] RGBl. I S. 220.

2 Pfennig

tatsächliche Übung der öffentlichen Hand ganz oder überwiegend vorbehalten war.

Auf dieser verhältnismäßig komplizierten Regelung aufbauend, wurden die drei großen Tarifordnungen für die — wie es damals hieß — Gefolgschaftsmitglieder im öffentlichen Dienst geschaffen:

a) die allgemeine Tarifordnung (ATO),

b) die Tarifordnung A (TO A) und

c) die Tarifordnung B (TO B).

Sie wurden vom „Reichstreuhänder für den öffentlichen Dienst" im Jahre 1938 erlassen[29] und sollten als einheitliche Regelung an die Stelle des bis dahin stark zersplitterten Rechts für die im öffentlichen Dienst beschäftigten Arbeitnehmer treten. Allerdings führten sie keine völlige Vereinheitlichung herbei. Schon die Geltungsbereiche der ATO und der TO A stimmten sowohl hinsichtlich des Personenkreises als auch des Kreises der in Betracht kommenden öffentlichen Verwaltungen und Betriebe nicht überein[30]. Die ATO bezog sich hinsichtlich ihres Geltungsbereiches auf das AOGö, während die TO A und die TO B im einzelnen aufzählten, in welchen Verwaltungen und Betrieben sie galten und in welchen nicht.

### 3. Der Begriff in gemeinsamen Vorschriften

Aus diesen Regelungen übernahmen in der Folgezeit zahlreiche Gesetze und Verordnungen den Begriff des Angestellten und Arbeiters des öffentlichen Dienstes[31]. So führten z. B. die Durchführungsverordnung zum Erstattungsgesetz vom 29. Juni 1937[32] und die Anordnung über den Erholungsurlaub für das Urlaubsjahr 1942[33] neben den Beamten auch die Angestellten und Arbeiter im öffentlichen Dienst auf.

Häufiger meinte der Gesetzgeber jedoch jetzt schon, wenn er vom öffentlichen Dienst sprach, sowohl Beamte als auch Angestellte und Arbeiter. So hieß es in Artikel 2 der Satzung des Treudienst-Ehrenzeichens vom 30. Januar 1938[34]: „Beamte, Angestellte und Arbeiter, die eine 25- bis 40jährige Arbeitszeit im öffentlichen Dienst in Treue zurückgelegt haben . . . ." Die Durchführungsverordnung gleichen Datums[35] erläuterte den Begriff des öffentlichen Dienstes im einzelnen, wobei sie wie das Deutsche Beamtengesetz[36] gegenüberstellte, was öffentlicher Dienst war und was nur als solcher gelten sollte.

---

[29] RABl. 1938 Nr. 12.
[30] *Ambrosius*, Tarifrecht der Angestellten S. 69; *Dietz*, Abgrenzung S. 128.
[31] Siehe auch die Hinweise bei *Gröbing*, AuR 1959, 225.
[32] RGBl. I S. 723.
[33] RGBl. I S. 168.
[34] RGBl. I S. 48.
[35] RGBl. I S. 49.
[36] Siehe oben S. 16.

Etwas undeutlicher grenzte die Notdienstverordnung vom 15. Oktober 1938[37] den personellen Geltungsbereich ab, indem sie in § 4 Abs. 2 von Notdienstpflichtigen sprach, die im öffentlichen Dienst beschäftigt waren. Nach der Verwaltungsübung sollte dabei jede Beschäftigung im Dienste des Reichs und anderer juristischer Personen des öffentlichen Rechts, aber auch im Dienst gemeindlicher Betriebe mit eigener Rechtspersönlichkeit dazu zählen, gleichgültig ob die betreffende Körperschaft dem AOGö oder dem AOG unterfiel[38]. Der Runderlaß zum Luftschutzgesetz vom 17. Mai 1940[39] stellte fest, daß öffentlicher Dienst im Sinne dieser Bestimmungen jede Beschäftigung im Dienst des Reichs, der Länder, der Gemeinden, Gemeindeverbände und sonstigen Körperschaften, Anstalten und Stiftungen des öffentlichen Rechts oder der Verbände von solchen war, nicht dagegen die Beschäftigung bei „öffentlichen Verwaltungen und Betrieben", ein Begriff, den das AOGö geprägt hatte. Demgegenüber ließen andere Bestimmungen erkennen, daß man unter dem Begriff des öffentlichen Dienstes gerade den durch das AOGö abgesteckten Bereich erfassen wollte[40].

## 4. Die Rechtslage im Jahre 1945

Zur Zeit der Beendigung des zweiten Weltkrieges sah die Rechtslage also folgendermaßen aus:

Im Deutschen Beamtengesetz wurde in den beiden Bestimmungen über den öffentlichen Dienst jeweils unterschieden, was öffentlicher Dienst war und was als solcher gelten sollte. Dabei ergaben sich bei den dem öffentlichen Dienst gleichgestellten Tätigkeiten geringe Abweichungen. Aus diesem Unterschied haben Schrifttum[41] und Rechtsprechung[42] gefolgert, daß der Begriff des öffentlichen Dienstes nicht einmal innerhalb ein und desselben Gesetzes einheitlich abgegrenzt worden sei. Dieser Auffassung kann nicht zugestimmt werden. Sie beachtet nicht die vom Gesetzgeber gezogene Grenze zwischen dem seiner Ansicht nach echten öffentlichen Dienst und den ihm lediglich mittels einer Fiktion gleichgestellten Tätigkeiten. Gerade diese Fiktion läßt deutlich erkennen, daß der damalige Gesetzgeber diese Tätigkeit nicht für öffentlichen Dienst hielt[43]. Bei einer derartigen Gleichstellung verschiedenartiger Tätigkeiten muß man dem Gesetzgeber

---

[37] RGBl. I S. 1441
[38] *Janke*, DR 1941, 2092.
[39] RMBliV 1940 S. 1102.
[40] Z. B. die Verordnung über die Gewährung von Weihnachtszuwendungen im öffentlichen Dienst und an Soldaten der Wehrmacht vom 16. Dezember 1939 (RGBl. I S. 2425).
[41] *Janke*, DR 1941, 2090; *Fischbach*, § 64 BBG Anm. I 3; *Kümmel*, RiA 1954, 64.
[42] KG-JR 1951, 113.
[43] Ebenso *Anders*, § 158 BBG Anm. 5.

2*

aber schon die Freiheit zugestehen, daß er die Grenzen nach für ihn wichtigen Gesichtspunkten jeweils verschieden zieht. Daraus kann nicht gefolgert werden, daß er innerhalb ein und desselben Gesetzes den Begriff verschieden ausgelegt habe. Vielmehr kann dem Gesetzgeber bestätigt werden, daß er beständig erklärte, öffentlicher Dienst sei seiner Meinung nach lediglich der Dienst beim Reich oder bei einer (sonstigen) Körperschaft, Anstalt und Stiftung des öffentlichen Rechts.

Außerhalb des Beamtenrechts waren deutlich zwei verschiedene Strömungen erkennbar. Die eine Richtung knüpfte an den im Beamtenrecht verwendeten Begriff des öffentlichen Dienstes an, der nur die Tätigkeit bei einer juristischen Person des öffentlichen Rechts als solchen Dienst anerkannte. Die andere Richtung ermittelte dagegen den Begriff des öffentlichen Dienstes aus dem AOGö, das neben der Tätigkeit bei juristischen Personen des öffentlichen Rechts auch die Beschäftigung bei gewissen juristischen Personen des Privatrechts als öffentlichen Dienst ansah[44]. Dadurch ergaben sich erhebliche Unterschiede bei der Abgrenzung des Bereichs des öffentlichen Dienstes. Keine der beiden Richtungen konnte sich voll durchsetzen[45].

Vergleicht man die Vielzahl der gesetzlichen Bestimmungen, so muß man feststellen, daß die Grenzen des öffentlichen Dienstes noch nicht festgelegt waren. Sie bestimmten sich einerseits nach der Rechtsform der juristischen Körperschaft, bei der der Dienst geleistet wurde, andererseits aber auch nach der Art der ausgeübten Tätigkeit oder nach der Möglichkeit einer Einflußnahme durch den Staat oder unterstaatliche Verbände. Dagegen hatte sich hinsichtlich des zum öffentlichen Dienst gehörigen Personenkreises die Auffassung durchgesetzt, unter öffentlichem Dienst sowohl die Tätigkeit als Beamter als auch als Angestellter oder Arbeiter innerhalb des eben abgesteckten Bereichs zu verstehen. Insoweit war der Begriff zu einer feststehenden Sammelbezeichnung geworden.

### III. Von 1945 bis heute

#### 1. Der Begriff des öffentlichen Dienstes im Verfassungsrecht

a) *In den Landesverfassungen* knüpften nach dem Zusammenbruch die süddeutschen Verfassungen, die in den Jahren 1946/1947 erlassen wurden, als erste an das Begriffsbild des öffentlichen Dienstes an. So schreiben Art. 187 der Verfassung des Freistaates Bayern und schrieben Art. 96 der Verfassung für Württemberg-Baden und Art. 77 der Verfassung für Württemberg-Hohenzollern vor, daß nicht nur die

---

[44] Vgl. die Ausführungen auf S. 17.
[45] *Witting* a.a.O.

Beamten, sondern auch die Angestellten im öffentlichen Dienst auf die Verfassung zu vereidigen seien.

Die Verfassung des Landes Hessen von 1946 erwähnt zwar ausdrücklich den Begriff des öffentlichen Dienstes nicht. Er war jedoch dem Verfassungsgesetzgeber nicht unbekannt, wie die Artikel 29 und 135 zeigen. In beiden Artikeln wird bestimmt, daß für Angestellte, Arbeiter und Beamte ein einheitliches Arbeitsrecht zu schaffen sei und daß dabei die Rechtsverhältnisse der Arbeitnehmer der öffentlichen Verwaltung nach den Erfordernissen der Verwaltung zu gestalten seien. Diese Artikel spiegeln die Auffassung des damaligen Gesetzgebers über die Ausgestaltung des Rechts des öffentlichen Dienstes wieder[46], die allerdings insoweit vor dem Grundgesetz keinen Bestand hatte, als sie gegen die hergebrachten Grundsätze des Berufsbeamtentums verstieß[47].

Der Begriff der Angehörigen des öffentlichen Dienstes wird in Art. 127 der Verfassung von Rheinland-Pfalz gebraucht. In dieser Parallelvorschrift zu Art. 130 WRV heißt es: „Alle Angehörigen des öffentlichen Dienstes sind Diener des ganzen Volkes, nicht einer Partei." In ähnlicher Weise erwähnen die Verfassungen von Nordrhein-Westfalen (Art. 80), Hamburg (Art. 58) und Baden-Württemberg (Art. 77) neben den Beamten auch die Angestellten und Arbeiter des öffentlichen Dienstes und verpflichten sie ebenfalls, dem ganzen Volke zu dienen und bei ihrer Amtsführung auf das Wohl der Allgemeinheit Bedacht zu nehmen.

b) Auch das *Grundgesetz* verwendet den Begriff des öffentlichen, Dienstes[48]. Aber während er in den Landesverfassungen nur vereinzelt und gelegentlich auftritt, erscheint er im Grundgesetz an zahlreichen Stellen und in den verschiedensten Zusammenhängen. Man kann daher wohl mit Recht sagen, erst durch das Grundgesetz habe sich der Begriff des öffentlichen Dienstes und seiner Angehörigen im Verfassungsrecht durchgesetzt[49].

Dieser Einzug in das Verfassungsrecht ist in erster Linie auf die Entwicklung zurückzuführen, die der Begriff in den vorangegangenen Jahrzehnten durchgemacht hatte. Der Vollständigkeit halber sei aber darauf hingewiesen, daß in einzelnen Bestimmungen der Begriff des öffentlichen Dienstes erst nach entsprechenden Hinweisen der Besatzungsmächte aufgenommen wurde. Im Memorandum vom 22. No-

---

[46] *Zinn-Stein*, Art. 29 Anm. 1.
[47] BGHZ 9, 322 (328).
[48] Der sog. Herrenchiemseer Entwurf enthielt den Begriff zwar nicht, sprach aber an mehreren Stellen von „Bundesbediensteten", zu denen er auch die Angestellten des Bundes rechnete.
[49] *Wacke*, Grundlagen S. 17.

vember 1948 (lit. g)[50] erläuterten die Militärgouverneure den Standpunkt ihrer Regierungen zu Fragen des öffentlichen Dienstes und wiesen im Memorandum vom 2. März 1949 (Ziffer 8)[51] noch einmal darauf hin. Der Zusammenhang ist unverkennbar. Er ergibt sich schon rein äußerlich aus der Übersetzung der entsprechenden Ausdrücke „civil service" und „services publics" durch den Begriff „öffentlicher Dienst". Nur diese Übersetzung war aber auch wesens- und sinngemäß, weil das Wort „Beamtendienst" oder ähnliche Begriffe nicht der Vorstellungswelt der Angelsachsen entsprochen hätten, die den Unterschied zwischen Beamten und Angestellten nicht kennen[52].

Bei Betrachtung der einschlägigen Bestimmungen des Grundgesetzes ergibt sich nun allerdings, daß der Begriff unterschiedlich verwendet wird. Art. 33 als die grundlegende Vorschrift über den öffentlichen Dienst spricht in Absatz 3 von den „im öffentlichen Dienst" erworbenen Rechten, in Absatz 4 von den „Angehörigen des öffentlichen Dienstes" und in Absatz 5 vom „Recht des öffentlichen Dienstes". Dagegen verwenden Art. 75 Ziff. 1 und Art. 131 Satz 1 den Ausdruck „im öffentlichen Dienst stehende Personen", während Art. 137 I wiederum Beamte, Angestellte des öffentlichen Dienstes und Richter getrennt aufzählt, obwohl in Art. 132 II die gleichen Personengruppen unter dem Begriff „Angehörige des öffentlichen Dienstes" zusammengefaßt sind. An anderen einschlägigen Stellen verwendet das Grundgesetz den Begriff nicht, sondern spricht lediglich von „Beamten und Angestellten" (Art. 85 II), von im Dienst des Bundes stehenden „Personen" (Art. 36 I und Art. 73 Ziff. 8) oder nur von „Angestellten" (Art. 132 I).

## 2. Der Begriff im Recht des öffentlichen Dienstes

Nach Erlaß des Grundgesetzes wird der Begriff des öffentlichen Dienstes folgendermaßen verwendet:

### a) In den Beamtengesetzen

aa) Der Begriff des öffentlichen Dienstes wird im *Bundesbeamtengesetz* an zwei Stellen erwähnt. Es sind die beiden Vorschriften des Deutschen Beamtengesetzes übernommen, in denen bereits dieser Begriff vorhanden war. Jetzt enthält § 158 V BBG in der Fassung des Beamtenrechtsrahmengesetzes vom 1. Juli 1957[53] die Erläuterungen dessen, was Verwendung im öffentlichen Dienst ist oder als solche gilt. Die Vorschrift stimmt fast wörtlich mit Absatz 4 des § 127

---

[50] Abgedruckt in Bonner Ktr. Einl. S. 98 ff.
[51] Abgedruckt in Bonner Ktr. Einl. S. 106 ff.
[52] Der öffentliche Dienst in den Vereinigten Staaten von Amerika, S. 13 ff. und Der öffentliche Dienst in Großbritannien, S. 9 ff.
[53] BGBl. I S. 667.

DBG[54] überein. Weggefallen ist die Einkommensgrenze; hinzugekommen ist die Gleichstellung des Dienstes in einer zwischenstaatlichen oder überstaatlichen Einrichtung, an die der Bund Beiträge oder Zuschüsse zahlt. Ausgenommen ist entsprechend § 135 BRRG die Beschäftigung bei öffentlichrechtlichen Religionsgesellschaften und ihren Verbänden.

Ebenfalls nahezu wörtlich hat § 64 BBG die Vorschrift des Deutschen Beamtengesetzes über die Pflicht des Beamten zur Übernahme einer Nebenbeschäftigung im öffentlichen Dienst übernommen. Allerdings ist noch offen, welche Tätigkeit als öffentlicher Dienst im Sinne dieser Vorschrift anzusehen ist oder ihm gleichsteht, weil die in § 69 BBG vorgesehene Ausführungsverordnung noch nicht erlassen ist.

bb) Während das Reichsbesoldungsgesetz von 1927 den Begriff des öffentlichen Dienstes noch nicht kannte, hat dieser Begriff nach 1945 durch das Dritte Gesetz zur Änderung und Ergänzung des Besoldungsrechts vom 27. März 1953[55] auch in das *Besoldungsrecht* Eingang gefunden. Im § 9 IV BesG wurden nun ebenfalls Angestellte des öffentlichen Dienstes erwähnt. Erläuternd sagte dazu Nr. 50 (2) der Besoldungsvorschriften[56], daß öffentlicher Dienst im Sinne des § 9 IV BesG der Dienst beim Bund, bei einem Land, einer Gemeinde oder einer sonstigen Körperschaft des öffentlichen Rechts ist[57]. In gleicher Weise wurde in Nr. 87 (2) der Besoldungsvorschriften[58] eine nach § 17 IV BesG anrechenbare gleichzubewertende Tätigkeit im öffentlichen Dienst erläutert. Ergänzend dazu hatte der Bundesfinanzminister ausgeführt[59], daß es nur darauf ankomme, ob der Arbeitgeber eine Körperschaft des öffentlichen Rechts sei, nicht dagegen, ob die Körperschaft auch Dienstherreneigenschaft besitze, also über planmäßige Beamtenstellen verfüge.

Im *Bundesbesoldungsgesetz* von 1957[60] wird der Begriff des öffentlichen Dienstes im § 16 nunmehr dahin erläutert, daß es sich um die hauptberufliche Tätigkeit im Dienst des Bundes, eines Landes, einer Gemeinde (eines Gemeindeverbandes) oder anderer Körperschaften, Anstalten oder Stiftungen des öffentlichen Rechts oder der Verbände von solchen mit Ausnahme der Tätigkeit bei öffentlichrechtlichen Religionsgesellschaften und ihren Verbänden handeln muß. Dem öffent-

---

[54] Über ihn vgl. oben S. 16.
[55] BGBl. I S. 81.
[56] In der Fassung des Art. I der 1. Verordnung zur Änderung und Ergänzung der Besoldungsvorschriften vom 6. August 1953 (BGBl. I S. 927).
[57] Dagegen nicht die Tätigkeiten, die in § 127 DBG bzw. § 158 BBG dem öffentlichen Dienst gleichgestellt werden (vgl. *Ambrosius*, Besoldungsrecht S. 299).
[58] In der Fassung des Art. I der 2. VO zur Änderung der Besoldungsvorschriften vom 23. Dezember 1953 (BGBl. I S. 1588).
[59] Rundschreiben vom 5. Januar 1954 (MinBlFin S. 8).
[60] BGBl. I S. 993.

lichen Dienst sind, ebenso wie in § 158 V BBG, die hauptberuflichen Tätigkeiten bei Vereinigungen, Einrichtungen und Unternehmungen, deren gesamtes Kapital sich in öffentlicher Hand befindet, sowie im Dienst einer zwischenstaatlichen oder überstaatlichen Einrichtung gleichgestellt. Diese Ausdehnung erfolgte aus fiskalischen Gründen; denn Grundgedanke des § 16 BBesG ist es, den Ortszuschlag an Ehegatten nur einmal in voller Höhe aus öffentlichen Mitteln zu zahlen[61].

Bei der Anrechnung von Dienstzeiten verwendet dagegen das Bundesbesoldungsgesetz nicht mehr den Begriff des öffentlichen Dienstes, sondern stellt auf die Tätigkeit im Dienst eines öffentlichrechtlichen Dienstherrn ab, § 6 III, § 7 I.

### b) Im Personalvertretungsgesetz

Auf Grund der ihm in Art. 73 Ziff. 8 und Art. 75 Ziff. 1 GG gewährten Gesetzgebungskompetenz erließ der Bund das Personalvertretungsgesetz vom 5. August 1955[62]. Bereits in § 88 des Betriebsverfassungsgesetzes vom 11. Oktober 1952[63] hatte er unter der Überschrift „Öffentlicher Dienst" sich besondere Regelungen für die Betriebe und Verwaltungen des Bundes, der Länder, der Gemeinden und sonstigen Körperschaften, Stiftungen und Anstalten des öffentlichen Rechts vorbehalten. Diesem Kreis von öffentlichen Dienstherren gestattet nunmehr das Personalvertretungsgesetz, besondere Personalvertretungen zu bilden. Maßgebend ist also allein die Rechtsform des Betriebes oder der Verwaltung ohne Rücksicht auf die Art der wahrgenommenen Aufgaben oder den Umfang der Beteiligung der öffentlichen Hand[64]. Alle Verwaltungen und alle Betriebe in der Form der juristischen Person des öffentlichen Rechts unterliegen dem PersVG, Betriebe in Rechtsformen des Privatrechts dem BetrVG.

Auch in personaler Hinsicht grenzt das Gesetz den öffentlichen Dienst eindeutig ab. Es bestimmt in § 3 I ausdrücklich, daß Bedienstete im Sinne dieses Gesetzes Beamte, Angestellte und Arbeiter, einschließlich der zu ihrer Berufsausbildung Beschäftigten, sind. Die Richter sind nur deshalb nicht aufgeführt, weil man der Meinung war, daß nicht nur die Rechtsstellung der Richter, sondern auch ihre Personalvertretung gemäß Art. 98 GG durch besondere Gesetze zu regeln seien[65]; demgemäß ist eine solche Vertretung im Entwurf eines Deutschen Richtergesetzes vorgesehen[66]. Damit ist also nichts dafür

---

[61] *Wurster-Isensee-Gohta,* S. 38; *Anz-Faber-Renk-Dietrich,* § 16 Anm. 1 und 5.
[62] BGBl. I S. 477.
[63] BGBl. I S. 681.
[64] *Dietz,* § 1 PersVG Anm. 10; *Grabendorff-Windscheid,* § 1 Anm. 2.
[65] BT-Drucks. Nr. 1189/1953.
[66] BT-Drucks. Nr. 516/1958.

ausgesagt, ob die Richter nicht zu den Angehörigen des öffentlichen Dienstes gehören.

### c) Im Gesetz zu Art. 131 GG

Das Gesetz zur Regelung der Rechtsverhältnisse der unter Art. 131 GG fallenden Personen in der Fassung vom 11. September 1957[67] befaßt sich in Kapitel I mit verdrängten „Angehörigen des öffentlichen Dienstes und Angehörigen aufgelöster Dienststellen" und in Kapitel II mit den sonstigen „Angehörigen des öffentlichen Dienstes". Es versteht darunter neben Warte- und Ruhestandsbeamten, sonstigen Versorgungsempfängern und versorgungsberechtigten Hinterbliebenen, die im Rahmen dieser Untersuchung nicht von Bedeutung sind, die Beamten, Angestellten und Arbeiter des öffentlichen Dienstes, die Berufssoldaten der früheren Wehrmacht sowie berufsmäßige Angehörige des früheren Reichsarbeitsdienstes.

Hinsichtlich der Beamten, Angestellten und Arbeiter des öffentlichen Dienstes ist die Einschränkung gemacht, daß sie in einem Dienst- oder Arbeitsverhältnis bei einer Dienststelle des Reichs, eines Landes, einer Gemeinde oder eines Gemeindeverbandes (Gebietskörperschaften) gestanden haben müssen[68].

Ausgeschlossen sind also die Angehörigen von juristischen Personen des öffentlichen Rechts, die nicht Gebietskörperschaften waren bzw. sind. Diese Regelung besagt aber nichts Grundsätzliches über die Abgrenzung des Kreises der öffentlichen Dienstherren; sie hat ihren Grund darin, daß man hier nicht die in großer Zahl nach 1933 geschaffenen Nichtgebietskörperschaften, Anstalten oder Stiftungen des öffentlichen Rechts berücksichtigen wollte.

Unberücksichtigt sind ferner die Angehörigen von Gesellschaften, Einrichtungen oder Unternehmen der öffentlichen Hand, die privatrechtlich organisiert waren bzw. sind. Sie gehören damit nach Meinung des Gesetzgebers nicht zum öffentlichen Dienst. In beiden Fällen hat der Gesetzgeber aber die Möglichkeit eröffnet, diese Angehörigen dadurch in den Genuß der Vorteile des Gesetzes zu bringen, daß ihre Beschäftigungsdienststelle in einer besonderen Anlage zum Gesetz aufgenommen wird. Sie stehen dann dem in § 1 des Gesetzes aufgeführten Personenkreis gleich.

Festzuhalten bleibt also, daß das Gesetz zu Art. 131 GG

als öffentlichen Dienst ansieht

den Dienst von Beamten, Angestellten und Arbeitern beim

---

[67] BGBl. I S. 1297.
[68] Für die vorliegende Untersuchung interessiert nicht, daß diese Dienststellen weggefallen sein oder außerhalb des Bundesgebietes gelegen haben müssen. Ebenso kann unberücksichtigt bleiben, daß aus bestimmten Gründen auch der nichtdeutsche öffentliche Dienst einbezogen ist.

Reich, bei den Ländern, den Gemeinden und Gemeindever-
bänden;

den Dienst der Berufssoldaten sowie der berufsmäßigen Angehörigen des Reichsarbeitsdienstes;

*nicht als öffentlichen Dienst ansieht,* sondern nur in Sonderfällen
dem öffentlichen Dienst gleichstellt

den Dienst bei Nichtgebietskörperschaften, Anstalten und
Stiftungen des öffentlichen Rechts;

den Dienst bei Gesellschaften, Einrichtungen und Unternehmungen der öffentlichen Hand, die privatrechtlich organisiert
sind.

### d) Im Wiedergutmachungsgesetz

Das Bundesgesetz zur Entschädigung für Opfer der nationalsozialistischen Verfolgung (Bundesentschädigungsgesetz — BEG) in der Fassung vom 29. Juni 1956[69] enthält einen besonderen Abschnitt „Öffentlicher Dienst". Zur Begriffsbestimmung der verfolgten Angehörigen
des öffentlichen Dienstes verweist es in § 99 auf das Gesetz zur Regelung der Wiedergutmachung nationalsozialistischen Unrechts für Angehörige des öffentlichen Dienstes (BWGöD) in der Fassung des Dritten Änderungsgesetzes vom 23. Dezember 1955[70]. Dieses Gesetz unterscheidet, ähnlich dem Gesetz zu Art. 131 GG, zwischen den Angehörigen des öffentlichen Dienstes und den ihnen gleichstehenden Personen, deckt sich jedoch bei beiden Personenkreisen nicht mit ihm,
sondern geht darüber hinaus[71]. Es zählt zu den Angehörigen des
öffentlichen Dienstes die Beamten, Angestellten und Arbeiter von Gebietskörperschaften, also des Reichs, der Länder, der Gemeinden und
Gemeindeverbände, sowie die Berufssoldaten, § 2 Ziffer 1 und 2. Dazu
erwähnt es die im Vorbereitungsdienst für eine Beamtenlaufbahn
stehenden Personen, die nicht die Rechtsstellung eines Beamten oder
Angestellten hatten, sowie die nichtbeamteten Extraordinarien und
Privatdozenten an wissenschaftlichen Hochschulen.

Den Angehörigen des öffentlichen Dienstes stellt § 2 a BWGöD Angehörige von Nichtgebietskörperschaften, von öffentlichrechtlichen
und nicht-öffentlichrechtlichen Verbänden der Gebietskörperschaften
und Nichtgebietskörperschaften sowie Angehörige von sonstigen Einrichtungen der öffentlichen Hand gleich, die letzteren allerdings nur
ebenso wie die Angehörigen aufgelöster, außerhalb des Bundesgebiets
befindlicher Nichtgebietskörperschaften, wenn sie in den Anlagen zum
Gesetz aufgeführt sind. Die Anlage 1 bestimmt die Nichtgebietskörper-
perschaften. In der Anlage 2 sind die sonstigen Einrichtungen der

---

[69] BGBl. I S. 562.
[70] BGBl. I S. 820.
[71] *Blessin-Wilden-Ehrig,* § 2 BWGöD Vorbem.

öffentlichen Hand aufgezählt, die trotz ihrer privatrechtlichen Rechtsform wegen ihrer Tätigkeit den juristischen Personen des öffentlichen
Rechts gleichgestellt sind. Man hat sich jedoch gescheut, alle diejenigen Einrichtungen und Unternehmungen einzubeziehen, die in § 1 II
des Gesetzes zur Wiederherstellung des Berufsbeamtentums vom
7. April 1933[72] angesprochen wurden, obwohl dies gerade in einem
Wiedergutmachungsgesetz für den öffentlichen Dienst nahegelegen
hätte. Zwar meint Anders[73], daß dies den Begriff des öffentlichen
Dienstes völlig verwischt hätte und daß der Dienst in einem privatwirtschaftlichen Unternehmen nicht dadurch zum öffentlichen Dienst
werde, daß die Einkünfte des Unternehmens überwiegend aus öffentlichen Mitteln fließen, wie das in dem Gesetz von 1933 vorgesehen
war. Diese Bedenken sind zutreffend, wenn auch nicht folgerichtig,
nachdem man überhaupt privatrechtliche Organisationen der öffentlichen Hand einbezogen hatte.

Festzustellen bleibt also auch hier, daß das Gesetz
> *als öffentlichen Dienst ansieht*
>> den Dienst von Beamten, Angestellten und Arbeitern beim
>> Reich, bei den Ländern und Gemeinden;
>> den Dienst der Berufssoldaten;
>
> *nicht als öffentlichen Dienst ansieht,* sondern dem öffentlichen
> Dienst nur gleichstellt
>> den Dienst bei Nichtgebietskörperschaften, Anstalten und
>> Stiftungen des öffentlichen Rechts sowie bei öffentlichrecht
>> lichen und nichtöffentlichrechtlichen Verbänden von Gebiets
>> körperschaften und Nichtgebietskörperschaften;
>> in Sonderfällen den Dienst bei Gesellschaften, Einrichtungen
>> und Unternehmen der öffentlichen Hand, die privatrechtlich
>> organisiert sind.

Diese Klarstellung scheint erforderlich, weil trotz dieser deutlichen
Trennung in echten öffentlichen Dienst und die ihm lediglich mittels
einer Fiktion gleichgestellten Tätigkeiten häufig dennoch davon gesprochen wird[74], daß das BWGöD den Kreis der Angehörigen des
öffentlichen Dienstes weiter ziehe, als es der gewöhnliche Sprachgebrauch gestatte.

### 3. Im sonstigen Recht

a) Das *Gesetz über Arbeitnehmererfindungen* vom 25. Juli 1957[75]
schließt sich an die durch das Personalvertretungsgesetz geschaffene
Abgrenzung des öffentlichen Dienstes an. In § 1 stellt es den privaten

---

[72] RGBl. I S. 175.
[73] BWGöD § 1 Anm. 2.
[74] So z. B. BVerwGE 8, 34 (36).
[75] BGBl. I S. 756.

und den öffentlichen Dienst gegenüber und erläutert in § 40 unter
der Überschrift „Arbeitnehmer im öffentlichen Dienst", daß es unter
öffentlichem Dienst den Dienst bei Betrieben und Verwaltungen des
Bundes, der Länder, der Gemeinden und sonstigen Körperschaften,
Anstalten und Stiftungen des öffentlichen Rechts versteht.

Wie schwankend dennoch der Gebrauch des Begriffs vom öffentlichen Dienst sein kann, zeigt die Begründung zu diesem Gesetz. Während die Bundesregierung in ihrem Gesetzentwurf für die 1. Wahl-
periode des Deutschen Bundestages den öffentlichen Dienst nach der
in § 1 AOGö gegebenen Richtlinie[76] abgrenzte, obwohl dieses Gesetz
durch das Kontrollratsgesetz Nr. 56 vom 30. Juni 1947 aufgehoben
worden war, entschloß sie sich jetzt — nach Schaffung des Personal-
vertretungsgesetzes — zur Abgrenzung nach der Rechtsform des Betriebes[77]. Doch ist auch dabei die Bundesregierung sich über den Begriff selbst noch nicht klar gewesen, wie sich daraus ergibt, daß ihrer
Auffassung nach Arbeitnehmer in sogenannten Regiebetrieben, die in
der Rechtsform einer juristischen Person des privaten Rechts geführt
werden, nur als Arbeitnehmer des privaten Dienstes *gelten,* aber
nicht sind[78].

b) Das *Allgemeine Kriegsfolgengesetz* vom 5. November 1957[79] verwendet den Begriff des öffentlichen Dienstes in seinen §§ 97 und 99
in Verbindung entweder mit der Versorgungsanstalt des Bundes und
der Länder oder mit dem früheren deutschen Reich sowie Einrichtungen des Reichs, so daß dadurch der von diesem Gesetz gemeinte Bereich eindeutig abgegrenzt werden kann.

c) Das *Gesetz über die Tuberkulosehilfe* vom 23. Juli 1959[80] führt
in § 21 unter der Überschrift „Öffentlicher Dienst" nur den Bund oder
bundesunmittelbare Körperschaften, Anstalten und Stiftungen des
öffentlichen Rechts auf und verpflichtet auch die Länder nur zur Gewährung von Tuberkulosehilfe an Personen in ihrem Dienst oder dem
Dienst einer sonstigen juristischen Person des öffentlichen Rechts.

d) Dagegen verwenden zahlreiche *andere Gesetze* aus den verschiedensten Rechtsgebieten den Begriff der Angehörigen des öffentlichen
Dienstes oder den des Angestellten im öffentlichen Dienst, ohne eine
nähere Begriffsbestimmung zu geben, z. B. § 32 IV c des Mieterschutz-
gesetzes, § 54 I der Strafprozeßordnung, § 8 I des Schwerbeschädigtengesetzes, §§ 8 IV, 34 des Soldatenversorgungsgesetzes, § 47 der Bun-
desrechtsanwaltsordnung oder das Gesetz über die Rechtsstellung der

---

[76] Siehe oben S. 17.
[77] BT-Drucks. Nr. 1648 vom 19. August 1955.
[78] Siehe die Begründung zu dem Gesetzentwurf in der obigen BT-Druck-
sache.
[79] BGBl. I S. 1747.
[80] BGBl. I S. 513.

in den deutschen Bundestag gewählten Angehörigen des öffentlichen
Dienstes.

Bei abschließender Betrachtung der lex lata ergibt sich somit, daß
kein Gesetz einen über seinen Geltungsbereich hinausgehenden, allgemein verbindlichen Begriff des öffentlichen Dienstes verwendet
oder definiert, sondern ihn selbständig jeweils in der für seine Zwecke
bestimmten Weise abgrenzt. Es soll nunmehr versucht werden, aus
diesem vielfältigen Gesetzesmaterial den allgemeinen Begriff des
öffentlichen Dienstes zu gewinnen und seine Merkmale zu bestimmen.
Dies erscheint um so notwendiger, als der Begriff des öffentlichen
Dienstes immer häufiger ohne besondere Erläuterung verwendet wird.

Teil B

# Die Begriffsmerkmale des öffentlichen Dienstes

## I. Grundsätzliches und Überblick

Als wesentliche Unterscheidungsmerkmale des öffentlichen Dienstes von sonstigen Dienst- und Beschäftigungsverhältnissen kommen in Betracht die Art der Tätigkeit, die rechtliche Gestaltung des Beschäftigungsverhältnisses und die Person des Dienstherrn, d. h. dessen, dem der Dienst geleistet wird.

### 1. Die Art der Tätigkeit

a) Öffentlicher Dienst war nach früherer Auffassung jede Tätigkeit, die von Staatsuntertanen nach Maßgabe des öffentlichen Rechts zur Verwirklichung staatlicher Aufgaben entfaltet wurde[1]. Dabei dachte man vor allem an hoheitliche Tätigkeit, also an die Ausübung öffentlicher Gewalt, und an den Beamten als den öffentlich, hauptberuflich und in der Regel lebenslänglich angestellten Staatsdiener. Die Wahrnehmung öffentlicher Dienstpflichten in anderer Form, z. B. als Schöffe oder als Soldat, trat daneben an Bedeutung stark zurück.

Die moderne Verwaltung ist nicht mehr auf obrigkeitliche Tätigkeit beschränkt; sie hat wirtschaftliche, technische, fürsorgerische und Planungsaufgaben. In diesen Verwaltungsbereichen wurden und werden nicht nur Beamte, sondern mehr und mehr Angestellte und Arbeiter tätig[2]. Damit ändert sich aber auch der Funktionsbereich der Beamten; einerseits erweiterte er sich auf die „schlicht-hoheitliche" und privatrechtliche Verwaltung; andererseits wurde der „Funktionsvorbehalt" der Beamten, d. h. ihre ausschließliche Zuständigkeit für hoheitliche Aufgaben, in Frage gestellt. Von besonderer Bedeutung war (und ist) die zunehmende Betätigung der öffentlichen Hand in der Wirtschaft und in der Versorgung der Bevölkerung insbesondere mit Gas, Wasser und Strom sowie auf dem Gebiete des Verkehrs. Diese Betriebe wurden als selbständige oder unselbständige Anstalten oder als Eigenbetriebe geführt. Dafür wurden aus den verschiedensten Gründen häufig Rechtsformen des privaten Rechts gewählt. Dadurch hatte sich aber nichts daran geändert, daß die Tätigkeit

---

[1] So *Triepel*, S. 5.
[2] *Forsthoff*, DÖV 1951, 460.

dieser Betriebe dem Gemeinwohl diente. Materiell oder funktionell war diese Tätigkeit öffentliche Verwaltung[3].

Von dieser veränderten Lage ausgehend, wird heute verschiedentlich die Auffassung vertreten, daß überall da, wo öffentliche Verwaltung in materiellem Sinne ausgeübt wird, die dabei Beschäftigten öffentlichen Dienst leisten. Die Begründung dafür ist unterschiedlich.

Denecke[4] — von der historischen Entwicklung des Begriffes ausgehend — ist der Meinung, daß dem Begriff des öffentlichen Dienstes wesensmäßig immer eine Tätigkeit im öffentlichen Interesse für die Allgemeinheit zur Erfüllung öffentlicher Aufgaben zugrunde liege. Ihnen dienten auch die Versorgungs- und die Verkehrsbetriebe des Staates und der Gemeinden. Dann aber könne es für das Dienstverhältnis der in diesen Betrieben Beschäftigten nicht von Bedeutung sein, ob ihr Arbeitgeber die öffentliche Körperschaft oder eine Gesellschaft des privaten Rechts sei, deren Kapital meist ganz oder überwiegend in den Händen des Staates oder der Gemeinden sich befände. Darin liege nur ein formaler, etatrechtlich-finanztechnischer Unterschied, der sich nur selten auf die rechtliche Stellung der Beschäftigten auswirke und keinen wesensmäßigen Unterschied mache. Denecke hält daher die vom AOGö getroffene Abgrenzung[5] als die den Begriff des öffentlichen Dienstes am besten bestimmende Grenzziehung[6].

Neuerdings geht Denecke[7] noch weiter und rechnet zu den Angehörigen des öffentlichen Dienstes neben den Beamten, Angestellten und Arbeitern des öffentlichen Dienstes auch sämtliche Amtsinhaber, die mit der Ausübung staatlicher Aufgaben betraut worden sind, und sogar alle diejenigen Personen, die staatliche Aufgaben nur neben ihrer sonstigen beruflichen Tätigkeit ausüben, ohne in einem besonderen Rechtsverhältnis zum Staate zu stehen.

Kümmel[8] hält ebenfalls für ein wesentliches Merkmal jeden öffentlichen Dienstes, daß die ausgeübte Tätigkeit Verwaltung im „funktionellen" Sinne sei, die seiner Auffassung nach auch bei den privatrechtlichen Unternehmen der öffentlichen Hand vorliege. Auch Korte[9] will offenbar öffentlichen Dienst gleich öffentliche Verwaltung setzen.

Dietz[10] führt in seinem Kommentar zum Personalvertretungsgesetz aus, daß unter öffentlichem Dienst im materiellen Sinne ein sachbezogener Tätigkeitsbereich verstanden werden müsse, der dem Staat oder den Körperschaften und Anstalten des öffentlichen Rechts we-

---

[3] *Forsthoff* S. 69.
[4] RdA 1955, 402.
[5] Vgl. oben S. 16.
[6] Ebenso, sich an *Denecke* anlehnend, *Gröbing*, AuR 1959, 225.
[7] BGB-RGRKom, Vorbem. vor § 611 BGB Anm. 39.
[8] RiA 1954, 64.
[9] a.a.O. S. 593.
[10] Einführung S. 27.

sensmäßig zugeordnet sei. Als sachbezogene Tätigkeit sieht er die allgemeine Fürsorge an[11]. Diese Ausführungen ergänzt Dietz jetzt in seiner Abhandlung „Zur Abgrenzung des öffentlichen Dienstes"[12] dahin, daß es sich, abgesehen von der eigentlichen hoheitlichen Verwaltung und Tätigkeit des Staates, um eine Betätigung handeln müsse, durch die „eine Stelle — wenn auch vielleicht nur mittelbar — in der Ordnung unseres staatlichen Lebens für die Allgemeinheit sorge". Diese Umschreibung des Begriffs läßt bereits erkennen, wie schwer eine Abgrenzung zum privaten Dienst sein dürfte. Dietz selbst behandelt in diesem Aufsatz die Frage nach dem öffentlichen Dienst im materiellen Sinne daher auch nur noch am Rande und kommt zu dem Ergebnis, daß es nicht zu einer allgemein brauchbaren Abgrenzung des öffentlichen Dienstes ausreiche, auf die Aufgaben des Staates schlechthin abzustellen[13].

Das Bundesarbeitsgericht hatte in einer Entscheidung vom 23. Oktober 1956[14] zum Wesen des öffentlichen Dienstes in gleicher Weise Stellung genommen, indem es die Arbeitnehmer eines Versorgungsbetriebes, der als Eigengesellschaft einer Gemeinde geführt wurde, als Kommunalbedienstete ansah. Diesen Standpunkt hat es zwar in dem Urteil vom 29. Juli 1959[15] aufgegeben. Da jedoch die frühere Auffassung von verschiedenen Seiten gutgeheißen worden ist[16], soll, obwohl das Bundesarbeitsgericht die Auffassung nicht mehr aufrechterhält, kurz auf sie eingegangen werden. In der Begründung des früheren Urteils heißt es: Eine Eigengesellschaft, deren Anteile sämtlich bei der Gemeinde liegen, sei nur eine, wenn auch juristisch verselbständigte, Erscheinungsform dieser Gebietskörperschaft, die mit ihren Leistungen eine der Gemeinde wesentliche Aufgabe erfülle. Entscheidend sei, daß diese Gesellschaft Versorgungszwecken diene; dann mache es keinen Unterschied, ob dies in der Form eines „Eigenbetriebes"[17] oder einer Eigengesellschaft geschehe. Zwar seien dies gesellschaftsrechtlich zwei verschiedene Rechtspersonen und arbeitsrechtlich zwei verschiedene Arbeitgeber. Da jedoch für die Wahl der Gemeinde zwischen Eigenbetrieb und Eigengesellschaft im Ergebnis nur organisatorische und haushaltsmäßige Gründe oder solche der leichteren Kreditbeschaffung (Auslandsanleihen, Hypothekenbestellung) maßgebend seien, müßten beide Gruppen von Versorgungsbetrieben

---

[11] § 1 PersVG Anm. 11.
[12] In der Festschrift für *Hueck*, S. 127.
[13] a.a.O. S. 132.
[14] BAGE 3, 124.
[15] DÖV 1960, 349.
[16] *Reinhardt* in AP Nr. 1 zu § 63 RegelungsG; *Vogel* in Anmerkung zu BAG-DVBl 1958, 794.
[17] Im Sinne der Eigenbetriebsverordnung vom 21. November 1938 (RGBl. I S. 1650).

im Sinne des Regelungsgesetzes gleich behandelt werden. Es fehle jeder innere Grund dafür, die Beschäftigten in den gemeindliche Zwecke erfüllenden Versorgungsbetrieben jeweils nur deswegen unterschiedlich zu behandeln, weil die Organisationsformen dieser Versorgungsbetriebe verschieden seien. Entscheidend sei die Besonderheit der Versorgungsbetriebe, die eine nach wesentlich politischen, vor allem wirtschafts- und sozialpolitischen Grundsätzen, nicht an den bloßen Erwerbschancen orientierte Aufgabe zu erfüllen hätten; ihre Unterhaltung zähle zu den Verwaltungsaufgaben im engeren Sinne.

b) Diesen Auffassungen über die Abgrenzung des öffentlichen Dienstes kann nicht zugestimmt werden. Unbestritten soll bleiben, daß es sich bei der Tätigkeit in den sogenannten Regiebetrieben (Verkehrs- und Versorgungseinrichtungen) um Verwaltung im materiellen Sinne handelt. Richtig ist auch, daß in vielen dieser Betriebe dieselben oder ähnliche Tarifbestimmungen gelten wie in der sonstigen Verwaltung, da diese Bestimmungen auch heute noch von der im AOGö vorgenommenen Abgrenzung ausgehen. Zuzugeben ist schließlich, daß die weitgehende Aufnahme von Verkehrs- und Versorgungsbetrieben in die Anlagen des Gesetzes zu Art. 131 GG und des Wiedergutmachungsgesetzes die Vermutung stützt, daß es sich hier um öffentlichen Dienst handele. Alle diese Indizien genügen jedoch nicht, um die Tätigkeit in diesen Betrieben als öffentlichen Dienst anzusehen. Im Hinblick auf die Sonderstellung dieser Betriebe innerhalb der wirtschaftlichen Unternehmen der öffentlichen Hand wird man lediglich eine teilweise Gleichstellung dieser Tätigkeiten mit dem öffentlichen Dienst erwägen können[18]. Dies darf jedoch nicht dazu führen, die rechtlichen Grenzlinien des öffentlichen zum privaten Dienst zu verwischen.

Für die Bestimmung des Rechtsbegriffs des öffentlichen Dienstes kann es nicht auf die Art der von dem Bediensteten geleisteten Tätigkeit ankommen. Eine begriffliche Trennung ist auf diese Weise nicht möglich; denn die Art der Tätigkeit ist kein juristisches Unterscheidungsmerkmal. Dies zeigt sich vergleichsweise bei der Frage, ob eine Tätigkeit Ausübung öffentlicher Gewalt ist. Eine tatsächlich gleiche Tätigkeit kann kraft öffentlichen Rechts mit hoheitlicher Gewalt, aber auch von einer Privatperson kraft Privatrechts mit ausschließlich privatrechtlichen Folgen verrichtet werden. So unterscheiden sich z. B. die öffentlichen Krankenanstalten bei der Krankenpflege in nichts von den privaten Krankenhäusern. Der Fahrer eines Überlandpostbusses verrichtet die gleiche Tätigkeit wie jeder Fahrer eines Reisebusses eines privaten Verkehrsunternehmens. Und doch wird in vieler

---

[18] So auch *Anders-Jungkunz-Käppner*, § 2 Anm. 1, insbes. Fußnote 2 b.

3 Pfennig

Hinsicht die Handlungsweise beider Einrichtungen bzw. beider Personen trotz gleicher Tätigkeit rechtlich verschieden beurteilt. Worauf man dabei die unterschiedliche Beurteilung zurückführt, daß nämlich „alle Wesenselemente des öffentlichen Unternehmens in ihrer Gesamtheit zu bewerten" seien[19] oder daß öffentlichrechtliches Handeln nur bei Trägern öffentlicher Gewalt oder deren Organen vorliege[20], kann hier dahingestellt bleiben; denn auf keinen Fall ist für die Frage, ob öffentliches oder privates Recht zur Anwendung kommt, die Art der Tätigkeit oder die Zielsetzung der Betätigung entscheidend[21].

Ähnlich liegt es hinsichtlich des öffentlichen Dienstes. Der Leiter eines städtischen Krankenhauses ist häufig Beamter, der Leiter einer Privatklinik ist es niemals. Der Lehrer an einer öffentlichen Schule übt die gleiche Tätigkeit aus wie der Lehrer einer Privatschule. Aber jener ist Beamter, dieser steht jedoch keineswegs im „öffentlichen Dienst", obwohl er eine gerade dem Staat vorbehaltene Aufgabe[22] erfüllt.

Andererseits kann nicht jede Ausübung eines öffentlichen Amtes zugleich als Ausübung öffentlichen Dienstes angesehen werden[23]. Öffentliches Amt und öffentlicher Dienst sind nicht identisch. Öffentlichrechtliche Funktionen brauchen nicht unbedingt von Beamten oder von Angestellten und Arbeitern des öffentlichen Dienstes ausgeübt zu werden. Auch Privatpersonen, die sogenannte „beliehene Unternehmer" geworden sind, sind Amtsträger, die hoheitlich handeln können. Personen, die lediglich vorübergehend mit Polizeigewalt ausgestattet worden sind, haben hoheitsrechtliche Aufgaben[24]. Feld- und Forsthüter, die im Dienste von Privatpersonen stehen, üben öffentliche Gewalt aus, wenn ihnen feld- oder forstpolizeiliche Aufgaben übertragen sind[25]. Zahlreiche andere Einrichtungen in der mannigfaltigsten Form sind als Ausschüsse, Beiräte, Kommissionen usw. mit der Durchführung öffentlicher Aufgaben betraut[26].

Schließlich erfüllen auch privatrechtlich organisierte Vereinigungen gelegentlich öffentliche Aufgaben. So wirken z. B. Privatbanken bei der Devisenbewirtschaftung, der Währungsumstellung und dem Lastenausgleich mit. Die auf Grund des § 14 I Milch- und Fettgesetz[27] anerkannten Landesvereinigungen nehmen bei der Beratung, Vermitt-

---

[19] So der BGH in Bd. 9, 145 (148).
[20] So H. J. *Wolff* in seiner Anmerkung zum obigen Urteil des BGH in JZ 1953, 552.
[21] BGHZ 20, 102 (104).
[22] Vgl. Art. 7 GG.
[23] Bettermann, DÖV 1954, 299.
[24] Z. B. Nachtwächter (RGZ 159, 235) oder Chausseeaufseher (RGZ 132, 61).
[25] RGZ 142, 190; BGHZ 2, 350.
[26] Im einzelnen wird auf den Versuch einer Typologie von *Bachof*, AöR 83, 240 hingewiesen.
[27] In der Fassung vom 10. Dezember 1952 (BGBl. I S. 811).

lung oder sonstigen Einflußnahme auf dem Gebiete der Milch- und Fettwirtschaft echte Funktionen der öffentlichen Verwaltung im Auftrage des Staates und in Verantwortung ihm gegenüber wahr[28]. Die in Technischen Überwachungsvereinen zusammengeschlossenen amtlich anerkannten Sachverständigen haben gemäß § 24 c GewO überwachungsbedürftige Anlagen aus gewerbepolizeilichen Gründen zu prüfen oder auf Grund der Vorschriften der StVZO straßenverkehrsrechtliche Maßnahmen vorzubereiten. Auch sie nehmen damit an sich dem Staat obliegende und von diesem auf sie übertragene Aufgaben wahr[29]. Wollte man es in allen diesen Fällen auf die Art der Tätigkeit abstellen, müßten die bei diesen Unternehmen, Vereinigungen, Einrichtungen oder Verbänden Beschäftigten ebenfalls als im öffentlichen Dienst stehend angesehen werden. Diese Folgerung ist bisher jedoch von niemandem — mit Ausnahme von neuerdings Denecke[30] — gezogen worden.

Nichts anderes kann für die Durchführung öffentlicher Aufgaben auf dem Gebiete der Versorgung oder des Verkehrs gelten. Der Staat oder die Gemeinde sind nicht gezwungen, diese Aufgaben selbst oder durch eigene Unternehmen durchzuführen. Sie könnten sie sogar privaten Unternehmern übertragen. Wenn sie dennoch häufig zur Erfüllung dieser Aufgaben sich der privatrechtlichen Form der sogen. Eigengesellschaft bedienen, so geschieht dies in der Regel, weil sie glauben, dadurch finanziell und wirtschaftlich günstiger arbeiten zu können. Diese Betriebsform findet großen Anklang, weil dadurch die Schuldenhaftung vom öffentlichen Haushalt getrennt, der politische Einfluß vermindert und die Wirtschaftsführung den engen kameralistischen Vorschriften des Haushaltsrechts entzogen wird[31].

Eine solche Umstellung auf die Grundsätze des Privatrechts und der Privatwirtschaft kann nicht ohne Folgen für die von dieser neuen Rechtsperson übernommenen oder begonnenen Dienstverhältnisse sein. Nicht mehr die Gemeinde, sondern diese neue selbständige juristische Person tritt als Arbeitgeber auf. Dies kann für beide Teile, Arbeitgeber wie Arbeitnehmer, Vor- und Nachteile mit sich bringen. Beispielsweise können jetzt nur noch die nach privatem Recht vorgesehenen Kontrollorgane (Aufsichtsrat usw.) und nicht mehr die Gemeinde selbst unmittelbaren Einfluß auf Wirtschaftsführung und Personalwesen nehmen[32]. Die Gemeinde kann nicht mehr nach ihrem Ermessen sich als Betriebsinhaber ausgeben oder nicht. Andererseits kann den Arbeitnehmern mancherlei Vergünstigung

---

[28] Vgl. BGH-NJW 1957, 1597.
[29] OLG Celle-MDR 1953, 676; a. A. *Siebert*, a.a.O.
[30] BGB-RGRKom, Vorbem. vor § 611 BGB Anm. 39.
[31] *Maunz*, Wirtschaftsrecht S. 47; *Forsthoff*, S. 359.
[32] Siehe den Hinweis bei *Forsthoff*, S. 455.

3*

gewährt werden, die es im öffentlichen Bereich nicht gibt. Dies gilt insbesondere für die technisch und kaufmännisch vorgebildeten Führungskräfte dieser Unternehmen[33]. Der Betrieb unterliegt nicht dem Personalvertretungs-, sondern dem Betriebsverfassungsgesetz. Daß der einzelne Bedienstete keinen Einfluß auf die juristische Ausgestaltung des Unternehmens einer Gemeinde hat, ist unerheblich. Er sowohl als auch die Gemeinde müssen aber die damit verbundenen Rechtsfolgen hinnehmen. Beide können nicht nur die Vorteile einer solchen Ausgestaltung genießen, sondern müssen auch die etwaigen, damit verbundenen Nachteile in Kauf nehmen, sofern nicht der Gesetzgeber sie davon ausdrücklich befreit[34].

Als Ergebnis ist daher festzustellen, daß zwar manche in privatrechtlichen Formen erfolgende Tätigkeit des Staates und der Gemeinden als öffentliche Verwaltung anzusehen ist, daß aber diejenigen Personen, die diese Tätigkeit ausüben, allein deswegen noch nicht im öffentlichen Dienst stehen. Es kann daher in diesen Fällen nicht vom öffentlichen Dienst im materiellen Sinne, sondern lediglich von öffentlicher Verwaltung im materiellen Sinne gesprochen werden[35].

## 2. Die Rechtsform des Beschäftigungsverhältnisses

a) Der Begriff des öffentlichen Dienstes wird verschiedentlich auch nach der rechtlichen Gestaltung des Beschäftigungsverhältnisses der im öffentlichen Dienst Tätigen abzugrenzen versucht. Dabei wird in erster Linie an das Beamtenverhältnis gedacht, bei dem es sich um ein öffentlichrechtliches Dienst- und Treueverhältnis zu einem öffentlichrechtlichen Dienstherrn handelt. Aber auch für die Angestellten und Arbeiter des öffentlichen Dienstes soll die Frage nach dem Wesen des öffentlichen Dienstes durch den Hinweis auf die rechtliche Ausgestaltung ihres Beschäftigungsverhältnisses beantwortet werden. Weil ihr Beschäftigungsverhältnis in gewissen Beziehungen durch die einschlägigen Tarifnormen beamtenähnlich ausgestaltet ist, kommt Fischbach zu der Auffassung, daß unter öffentlichem Dienst nur ein „Dauerarbeitsverhältnis mit einem öffentlichrechtlichen Arbeitgeber (Dienstherrn)" verstanden werden könne, dessen Dienstrecht sich nach gesetzlichen, verordneten oder tarifvertraglichen Normen regele, wie sie jetzt zwischen den sogenannten „Sozialpartnern" auf dem Gebiet des öffentlichen Verwaltungsbereichs abgeschlossen zu werden pflegten[36]. Es müßte sich also um generelle Regelungen und nicht um In-

---

[33] *Forsthoff*, S. 456.
[34] So auch BGH-NDBZ 1952, 203 und *Bachof* in Anmerkung zu KG-DRZ 1950, 413.
[35] Entsprechend der von *Forsthoff* S. 323 getroffenen Unterscheidung.
[36] *Fischbach*, BBG Einl. S. 12 Fußnote 8 und § 191 IV; ders. in DÖV 1955, 712.

dividualarbeitsverträge handeln, die mit einer juristischen Person des öffentlichen Rechts abgeschlossen worden seien.

Auch das OVG Lüneburg[37] ist unter Hinweis auf Fischbach ohne eigene Begründung der Ansicht, daß überall da, wo vom „öffentlichen Dienst" gesprochen werde, grundsätzlich außer dem Beamtenverhältnis nur noch das durch Tarifordnung geregelte Recht der im Dienst eines öffentlichrechtlichen Dienstherrn stehenden Angestellten und Arbeiter gemeint sein könne.

Eine ähnliche Auffassung vertritt Wacke. Der Begriff des öffentlichen Dienstes bedeutet für ihn „nichts anderes als eine abgekürzte Bezeichnung für eine Gesamtheit von Rechten und Pflichten"[38]. Diese „Gesamtheit von Rechten und Pflichten" ist für Wacke der Inhalt des öffentlichen Dienstrechts, das dadurch vom allgemeinen Arbeitsrecht abgehoben sei und eine Sonderstellung zwischen Arbeitsrecht und Beamtenrecht bezogen habe[39]. In Wahrheit bedeutet diese Auffassung nichts anderes, als daß es öffentlichen Dienst nur im Bereich des besonderen öffentlichen Dienstrechts, nämlich in dem durch die drei großen Tarifordnungen bestimmten Bereich, geben könnte. Damit stimmen insoweit die Auffassungen von Fischbach und Wacke überein.

b) Beiden Auffassungen kann nicht zugestimmt werden. Wenn der Begriff des öffentlichen Dienstes nach dem für ihn geltenden Recht definiert werden soll, dann bleibt jener Begriff nach wie vor ungeklärt; denn der Begriff des „öffentlichen Dienstrechts" setzt ja gerade voraus, daß der darin enthaltene Begriff des öffentlichen Dienstes klargestellt und dessen Bereich abgesteckt ist[40]. Diese Voraussetzung trifft aber nicht zu. Eine Klarstellung kann auch nicht durch Bezugnahme auf den Bereich geschehen, für den die ATO, TO A und TO B oder die jetzigen Manteltarifverträge für Arbeiter[41] gelten. Diese Tarifordnungen könnten jederzeit geändert werden, auch in ihrem Geltungsbereich. Sie könnten aufgehoben und durch Tarifverträge ersetzt werden, die dann nur für die organisierten Arbeitnehmer des öffentlichen Dienstes gelten würden. Damit würde sich jeweils der Bereich des öffentlichen Dienstes ändern. Das aber kann keine geeignete Abgrenzung des öffentlichen vom privaten Dienst liefern[42].

Wacke ist außerdem noch entgegenzuhalten, daß die gesetzlichen und tariflichen Bestimmungen, die er aufführt, um die Selbständigkeit

---

[37] DVBl 1958, 801.
[38] Kreditanstalten S. 26.
[39] Grundlagen S. 18 ff. mit weiteren Literaturhinweisen.
[40] Ähnliche Bedenken kommen Wacke selbst in seinem „Exkurs über den Umfang des öffentlichen Dienstes" in Grundlagen S. 47, ohne sie aber zu beheben.
[41] Abgedruckt bei Ambrosius, Tarifrecht der Arbeiter S. 44 ff.
[42] Zu demselben Ergebnis kommt Dietz, Abgrenzung S. 131.

des öffentlichen Dienstrechts zu beweisen[43], sich auf jeweils verschiedene Bereiche beziehen. Ein Teil gilt nur für juristische Personen des öffentlichen Rechts, andere auch für juristische Personen
des Privatrechts. Darüber hinaus erfassen die Tarifordnungen zahlreiche Arbeitnehmer nicht, die offensichtlich und unbestreitbar im
öffentlichen Dienst stehen. So nehmen § 1 II TO A und § 1 III TO B
die Gemeinden unter 10 000 Einwohnern aus ihrem Geltungsbereich
heraus. Außerdem sehen die Tarifordnungen ausdrücklich vor, daß
Ausnahmen von ihren Regelungen gemacht werden dürfen. Davon ist
insbesondere bei leitenden Angestellten solcher Betriebe Gebrauch
gemacht worden, deren sonstige Angehörige unter die Bestimmungen
der Tarifordnungen fallen[44]. Diese Gruppen von Bediensteten würden
also nach der Definition von Wacke nicht zum öffentlichen Dienst
gehören. Das aber kann nicht richtig sein[45].

c) In diesem Zusammenhang sei auf folgendes hingewiesen:

Als besondere Pflicht und somit wesentliches Merkmal des öffentlichen Dienstes im Jellinekschen Sinne, also des Beamtendienstes, wird
die Pflicht zur Treue angesehen[46]. Diese äußert sich darin, daß der
Beamte dauernd und ausschließlich seine ganze Persönlichkeit in den
Dienst seines öffentlichrechtlichen Dienstherrn zu stellen hat. Wacke[47]
meint nun, daß diese beamtenrechtliche Treuepflicht auch für die Angestellten des öffentlichen Dienstes gelte, weil die Treuepflichtbe-
stimmung der ATO wörtlich die gleiche sei wie die entsprechende Regelung der Beamtengesetze und deshalb auch inhaltlich dasselbe be-
sagen müsse, so daß die Treuepflicht auch heute noch trotz des er-
weiterten Personenkreises wesentliches Merkmal des Begriffs des
öffentlichen Dienstes geblieben sei.

Dieser Auffassung kann nicht gefolgt werden. Wenn auch die ATO
aus dem Beamtenrecht einzelne Vorschriften übernommen hat, so
ist damit doch nicht die dem Beamtenverhältnis eigentümliche gesteigerte Treuepflicht Inhalt des privatrechtlichen Arbeitsverhältnisses
der Arbeitnehmer des öffentlichen Dienstes geworden[48]. Der Beamte
steht in einem Statusverhältnis, das bei dem Arbeitnehmer des öffentlichen Dienstes fehlt. Wollte man von den Angestellten und Arbeitern des öffentlichen Dienstes dieselbe gesteigerte Treuepflicht verlangen wie von den Beamten, dann müßte man sie ebenfalls in ein

---

[43] Grundlagen S. 18 ff.
[44] Vgl. LAG Berlin vom 10. 7. 1958 — 4 SA 58/58 — (nicht veröffentlicht).
[45] Zu welchen Schwierigkeiten eine solche Betrachtungsweise führen
kann, zeigen die Beispiele, die *Vogel* in Anmerkung zu BAG-DVBl 1958,
794 anführt, bei denen er innerhalb ein und desselben Betriebes zwischen
öffentlichem und privatem Dienst trennen will, ohne zu befriedigenden
Ergebnissen zu kommen.
[46] *Jellinek*, VerwR S. 357.
[47] Grundlagen S. 78 ff.    [48] *Heyland-Geffers*, S. 15.

öffentlichrechtliches Dienst- und Treueverhältnis stellen, das für die Beamten Art. 33 IV GG vorschreibt. Solange dies nicht geschehen ist, dürfen die Grenzen zwischen öffentlichrechtlichem Beamtenverhältnis und privatrechtlichem Arbeitsverhältnis nicht verwischt werden[49].

Im übrigen läßt sich die Treuepflicht der Angestellten und Arbeiter des öffentlichen Dienstes zu ihrem Arbeitgeber zwanglos aus dem Arbeitsrecht erklären. Das privatrechtliche Arbeitsverhältnis ist heute ebenfalls — wenn auch nicht in der gleichen Intensität wie beim Beamtenverhältnis — wesentlich durch eine gegenseitige Treuepflicht gestaltet[50]. Sie bedeutet für den Arbeitnehmer, sich nach besten Kräften für die Interessen des Arbeitgebers und das Gedeihen des Betriebes einzusetzen und alles zu unterlassen, was dem Arbeitgeber oder dem Betrieb abträglich sein könnte[51]. Dabei bestehen allerdings graduelle Unterschiede, die von der Person des Arbeitgebers, der Art des Betriebes oder der Art der Tätigkeit des Arbeitnehmers abhängen. Die Treuepflicht der Hausangestellten wird weitergehen als die des Fabrikarbeiters und die des Prokuristen sehr viel intensiver sein als die eines ungelernten Arbeiters[52].

Hält man sich dies vor Augen, dann läßt sich ohne weiteres erklären, daß von den Arbeitnehmern des öffentlichen Dienstes eine der Art ihrer Tätigkeit und ihres Arbeitgebers angepaßte Treuepflicht als Dienstpflicht verlangt wird. Dienstpflicht für alle im öffentlichen Dienst Beschäftigten, nicht nur die Beamtenschaft, ist es, sich der Achtung und des Vertrauens würdig zu erweisen, die in sie als öffentliche Dienstnehmer gesetzt werden. Es kann und muß daher auch von den Angestellten und Arbeitern des öffentlichen Dienstes verlangt werden, daß sie sich zu der Auffassung des Staates bekennen, in dessen Dienste sie getreten sind, und daß sie sich jeder politischen Betätigung gegen die demokratische Grundordnung enthalten, andernfalls sie aus dem Dienstverhältnis entlassen werden können[53]. Eine Betätigung, die anderen Bürgern noch freisteht, kann dem Angehörigen des öffentlichen Dienstes verwehrt sein, weil sie mit der sich aus seinem Dienstverhältnis ergebenden Treuepflicht unvereinbar ist,

---

[49] Der Bundesmanteltarifvertrag für Arbeiter gemeindlicher Verwaltungen und Betriebe vom 22. 5. 1953 sowie der Manteltarifvertrag für Arbeiter des Bundes vom 25. Mai 1960 (GMBl. S. 265) haben bereits die entsprechenden Folgerungen gezogen. Sie enthalten keine dem § 2 ATO entsprechende Treueverpflichtung mehr, sondern verlangen in § 8 bzw. § 9 lediglich noch, daß der Arbeiter die ihm übertragenen Arbeiten gewissenhaft und ordnungsgemäß auszuführen habe.

[50] *Hueck-Nipperdey*, S. 220; *Nikisch*, S. 90.

[51] *Nikisch*, S. 383.

[52] *Hueck*, Treuegedanke S. 15.

[53] Vgl. § 191 Ziff. 2 BBG i. V. m. § 3 Ziff. 1 vorl. BPersG sowie den Beschluß der Bundesregierung vom 19. Februar 1950 und den Erlaß des BMdI vom 19. September 1950 (GMBl. S. 93).

wobei allerdings an die einzelnen Bediensteten unterschiedliche An-
forderungen hinsichtlich des Umfangs ihrer Treuepflicht entsprechend
ihrer Aufgaben, ihrer Stellung und ihrer Funktion gestellt werden
können[54]. Alles dies zeigt, daß die Treuepflicht der Arbeitnehmer
des öffentlichen Dienstes sich zwar im Umfang von derjenigen der
sonstigen Arbeitnehmer unterscheiden mag, deshalb aber doch noch
keineswegs mit der Treuepflicht der Beamten identisch ist[55], sondern
eine arbeitsrechtliche Vertragspflicht bleibt. Eine Pflicht zur Treue
gegenüber dem Gemeinwesen kann daher nicht mehr wie früher[56]
zum *wesentlichen* Merkmal des öffentlichen Dienstes gerechnet
werden.

Ähnlich steht es mit der Pflicht der Arbeitnehmer des öffentlichen
Dienstes zum Gehorsam, zur Verschwiegenheit und Unbestechlichkeit,
die mehr oder weniger auch Inhalt oder Rechtsfolge jedes arbeitsrechtlichen Vertrages ist oder sein kann[57].

### 3. Die Zugehörigkeit zu einer juristischen Person des öffentlichen Rechts

Zu einer klaren, einwandfreien und dem Wesen des öffentlichen
Dienstes gerecht werdenden Bestimmung und Abgrenzung des Begriffs des öffentlichen Dienstes kann man nur kommen, wenn man
es allein auf die Rechtsform der Anstellungskörperschaft abstellt[58].
Öffentlicher Dienst ist dann die Beschäftigung im Dienst einer juristischen Person des öffentlichen Rechts, also des Bundes, eines Landes oder jeder (sonstigen) Körperschaft, Anstalt oder Stiftung des
öffentlichen Rechts. Dieser Grundsatz hat schon immer für die Beamten gegolten[59]; er muß auch auf die übrigen Angehörigen des
öffentlichen Dienstes angewendet werden. Bei dieser Begriffsbestimmung wird häufig von dem Begriff des öffentlichen Dienstes im for-
mellen Sinne gesprochen. Diese Terminologie verliert jedoch ihren
Sinn, wenn man, wie hier, den Begriff des öffentlichen Dienstes im
materiellen Sinne ablehnt.

a) Gegen die Abgrenzung des Begriffs des öffentlichen Dienstes nach
der Rechtsform der Anstellungskörperschaft wird vor allem einge-
wendet, daß sie völlig die Art der Tätigkeit außer Acht lasse. Es gebe
zahlreiche juristische Personen des öffentlichen Rechts, die nicht oder
nicht nur öffentliche Aufgaben erfüllten, sondern allein oder daneben

---

[54] *Grewe*, Treuepflicht S. 64; *Görg*, S. 101.
[55] *Heyland*, S. 41.
[56] *Jellinek*, VerwR S. 357.
[57] *Hueck-Nipperdey*, S. 217, 223 und 225; *Rösner*, S. 39.
[58] *Hueck-Nipperdey*, S. 72; *Dietz*, Abgrenzung S. 148; *Staudinger*, II. Band
3. Teil Vorbem. 256 vor § 611 BGB; so auch noch *Wacke* vor Inkrafttreten
des AOGÖ in „Das Dienstrecht der Behördenangestellten" S. 7.
[59] *Jellinek*, VerwR S. 356.

entweder selbst oder in Form eines von ihnen geführten Betriebes wirtschaftliche Zwecke verfolgten. Die in diesen rein wirtschaftlichen Betrieben des Staates oder der Gemeinden Beschäftigten, wie z. B. die Köche, Kellner, Zimmermädchen, Badewärter usw. bei den staatlichen Kurverwaltungen und Kurhäusern, leisteten keinen öffentlichen Dienst und könnten daher auch nicht als Angehörige des öffentlichen Dienstes angesehen werden[60]. Das Gleiche ist von den Angestellten und Arbeitern solcher Körperschaften oder Anstalten des öffentlichen Rechts behauptet worden, die sich mit Bank- oder Versicherungsgeschäften befassen[61]. Man wollte sogar in ihrer unterschiedlichen Behandlung zu den Angestellten und Arbeitern von juristischen Personen des privaten Rechts, die den gleichen Aufgabenkreis haben, einen Verstoß gegen den Gleichheitsgrundsatz des Art. 3 GG sehen[62].

Alle diese Einwände treffen jedoch nicht den Kern der Begriffsbestimmung des öffentlichen Dienstes nach der Rechtsform der Anstellungskörperschaft. Es ist bereits darauf hingewiesen worden[63], daß die Art der Tätigkeit nicht zur Beantwortung der Frage herangezogen werden kann, ob öffentlicher Dienst vorliegt oder nicht. Die Art der Tätigkeit kann nur darüber aussagen, ob die von einer öffentlichrechtlichen Körperschaft, Anstalt oder Stiftung des öffentlichen Rechts Beschäftigten Verwaltung im materiellen Sinne ausüben, nicht aber, ob sie im öffentlichen Dienst stehen. Dafür kann und muß entscheidend sein, in wessen Dienste sie stehen, also wer ihr Dienstherr ist.

Es ist von unterschiedlicher Bedeutung, ob jemand bei einer juristischen Person des öffentlichen Rechts oder einer solchen des Privatrechts tätig ist. Eine sehr wesentliche Unterscheidung ergibt sich aus der verschiedenartigen Regelung des Betriebsverfassungsrechts, das es allein auf die Rechtsform des Betriebsinhabers abstellt. Sobald ein Betrieb zu einer juristischen Person des Privatrechts gehört, mag er materiell öffentliche Aufgaben erfüllen oder nicht, untersteht er dem Betriebsverfassungsgesetz. Wird dagegen der Betrieb von einer Körperschaft, Anstalt oder Stiftung des öffentlichen Rechts geführt, so findet auf ihn das Personalvertretungsgesetz Anwendung[64]. Ebenfalls allein nach der Rechtsform des Dienstherrn grenzt das Gesetz über Arbeitnehmererfindungen ab[65]. Für öffentliche Verwaltungen und Betriebe ist nach § 3 des Schwerbeschädigtengesetzes vom 16. Juni 1953[66] die Beschäftigungspflicht anders geregelt als für private Betriebe.

---

[60] Denecke, RdA 1955, 401.
[61] Fischbach, DÖV 1955, 713; Wacke, Kreditanstalten; Kümmel, RiA 1954, 207.
[62] BAGE 3, 124.
[63] Siehe oben S. 33 ff.
[64] Dietz, § 1 PersVG Anm. 10; Grabendorff-Windscheid, § 1 Anm. 2.
[65] Vgl. oben S. 27.
[66] BGBl. I S. 389.

Auch hier wird in Anlehnung an die durch das BetrVG und PersVG geschaffene Abgrenzung davon ausgegangen werden müssen, daß es sich bei den öffentlichen Betrieben nur um Betriebe von juristischen Personen des öffentlichen Rechts — unabhängig von der Art ihrer Aufgaben — handeln kann[67]. Ferner sind in § 13 der Arbeitszeitordnung vom 30. April 1938[68] Sonderregelungen für öffentliche Betriebe und Verwaltungen enthalten. Dazu gehören neben den Hoheitsverwaltungen alle Betriebe wirtschaftlicher und nichtwirtschaftlicher Art des Bundes und der Länder, dagegen nicht die Betriebe, die in der Form einer selbständigen juristischen Person des privaten Rechts geführt werden[69].

Eine erhebliche Rolle spielt weiterhin die Betriebszugehörigkeit in der Sozialversicherung[70]. Neben Beamten und Richtern sind auch sonstige Beschäftigte des Bundes, der Länder, der Gemeinden und Gemeindeverbände und anderer Körperschaften und Anstalten des öffentlichen Rechts versicherungsfrei, wenn ihnen Anwartschaft auf lebenslängliche Versorgung und Hinterbliebenenversorgung nach beamtenrechtlichen Grundsätzen gewährleistet wird. Dies gilt sowohl für die Krankenversicherung (§ 169 RVO) als auch für die Angestelltenversicherung (§ 6 AVG) und die Arbeiterrentenversicherung (§ 1229 RVO n. F.)[71]. Ferner kann es noch auf manchem anderen Gebiete von Bedeutung sein, daß jemand Angehöriger einer juristischen Person des öffentlichen Rechts ist. So läßt z. B. § 32 MSchG Ausnahmen von den Mieterschutzbestimmungen für Gebäude zu, die zur Unterbringung von Angehörigen des öffentlichen Dienstes bestimmt sind oder werden. Dieses Privileg wird allen juristischen Personen des öffentlichen Rechts für alle in ihren Diensten stehenden Personen eingeräumt[72]. Schließlich gelten zahlreiche innerdienstliche Vorschriften des Bundes und der Länder, z. B. die Beihilfen-, Unterstützungs-, Vorschuß-, Mietwohnungsvorschriften, für *alle* bei diesen Dienstherren beschäftigten Personen ohne Rücksicht auf die Art der von ihnen ausgeübten Tätigkeit.

Alle diese Beispiele lassen erkennen, daß es dienst- oder arbeitsrechtlich durchaus erheblich ist, ob man bei einer juristischen Person des öffentlichen Rechts oder des Privatrechts tätig ist. Die Abgrenzung des Begriffs des öffentlichen Dienstes nach der Rechtsform des Dienst-

---

[67] *Wilrodt-Gotzen*, § 3 SchwbG Anm. 38.
[68] RGBl. I S. 447.
[69] So selbst *Denecke*, § 13 AZO Anm. 2, entgegen seiner sonstigen Ansicht.
[70] Darauf weist bereits *Molitor*, S. 42, hin.
[71] Vgl. auch BVerwGE 5, 273 (275).
[72] *Bettermann*, § 32 MSchG Anm. 88, 303 und 304.

herrn ist also nicht nur äußerlich, sondern hat auch ihre innere Berechtigung.

b) Gegenüber einer Bestimmung des Begriffs des öffentlichen Dienstes nach der Rechtsform der Anstellungskörperschaft wird außerdem häufig darauf hingewiesen, daß den juristischen Personen des öffentlichen Rechts diejenigen privatrechtlichen Betriebe, Unternehmen oder Einrichtungen gleichgestellt werden müßten, die der Bund, die Länder, die Gemeinden oder sonstige Körperschaften, Anstalten und Stiftungen des öffentlichen Rechts dadurch beherrschten, daß sie deren Kapital ganz, überwiegend oder doch zumindest zu mehr als der Hälfte besäßen. Eine derartige Begriffsabgrenzung ist jedoch mit einer erheblichen Unsicherheit verbunden und daher praktisch undurchführbar. Überzeugende Abgrenzungen lassen sich nicht finden[73]. Sie müßten, da es für den Begriff des öffentlichen Dienstes nicht auf die Art der Tätigkeit ankommt, nicht nur für Versorgungs- und Verkehrsbetriebe, sondern auch für rein erwerbswirtschaftliche Unternehmungen der öffentlichen Hand gelten. Bei diesen Unternehmen, insbesondere bei den großen Konzernen der öffentlichen Hand[74], zeigen sich aber gerade deutlich die Schwierigkeiten einer solchen Abgrenzung. Ein Beispiel mag dies erläutern.

Die Ravensberg-Kohlenhandelsgesellschaft gehört zu 98 v.H. der Märkischen Steinkohlengewerkschaft und zu 2 v.H. der Gewerkschaft Sachsen IV, die ihrerseits 100 v.H. im Eigentum der Märkischen Kohlengewerkschaft steht. An dieser Gewerkschaft war die Aktiengesellschaft für Berg- und Hüttenbetriebe (vorm. Reichswerke Salzgitter) früher mit 55 v.H. beteiligt; sie ist es jetzt mit 100 v.H. Diese Aktiengesellschaft wiederum gehört hundertprozentig dem Bund. Die Ravensberg-Kohlenhandelsgesellschaft gehört also letztlich einer Körperschaft des öffentlichen Rechts. Wollte man es bei der Begriffsbestimmung des öffentlichen Dienstes also auf die Mehrheitsverhältnisse abstellen, so käme man zu dem Ergebnis, daß auch die Angestellten dieser Kohlenhandelsgesellschaft im öffentlichen Dienst stünden.

Häufig ist aber sogar nicht einmal das Maß der Beteiligung, sondern die sogen. Bestimmungsgewalt entscheidend, die in der Regel nicht erkennbar ist. Sie hängt nicht nur von der Kapitalmehrheit ab[75]. Auch der Minderheitsbesitz des einzigen Großaktionärs kann

---

[73] So jetzt auch BAG-DÖV 1960, 349.

[74] Siehe die von der Gesellschaft der öffentlichen Wirtschaft e. V. zusammengestellte Übersicht über die öffentlichen Unternehmen in der Bundesrepublik und in Berlin, Bund-Verlag 1957.

[75] Dies erkennt zwar auch *Gröbing*, AuR 1959, 225; dennoch hält er die tatsächliche Einflußmöglichkeit der öffentlichen Hand auf die Leitung des Betriebes für ein geeignetes Unterscheidungsmerkmal zwischen öffentlichem und privatem Dienst.

genügen, um in der Gesellschaft seine Wünsche durchzusetzen. Außerdem ist die Mehrheitsbeteiligung als Abgrenzung des öffentlichen Dienstes deshalb ungeeignet, weil sie nicht offenkundig und oft schwer zu ermitteln ist. Es besteht auch keine Pflicht der Kapitalgesellschaft des privaten Rechts als Arbeitgeber, ihre Mehrheitsverhältnisse zu offenbaren.

Trotz dieser Bedenken ist es dennoch dem Gesetzgeber unbenommen, bisweilen in einzelnen Bestimmungen auf die Mehrheitsbeteiligung der öffentlichen Hand abzustellen[76], ja sogar die mehrheitlich der öffentlichen Hand gehörenden privatrechtlichen Arbeitgeber dienstrechtlich den öffentlichen Dienstherren in gewissen Beziehungen gleichzustellen. Das alles aber rechtfertigt es nicht, aus einer solchen Ausnahmeregelung den allgemeinen Begriff des öffentlichen Dienstes abzuleiten. Dieser ist vielmehr grundsätzlich auf die Dienstnehmer von juristischen Personen des öffentlichen Rechts zu beschränken[77].

## II. Der öffentliche Dienstherr

### 1. Die Begriffserläuterung

Es stehen sich also im öffentlichen Dienst gegenüber die juristische Person des öffentlichen Rechts als Anstellungskörperschaft und die bei ihr Bechäftigten. Die Anstellungskörperschaft wird auch kurz „öffentlicher Dienstherr" genannt. Dieser Begriff muß daher erläutert werden.

Der Begriff des Dienstherrn wurde zunächst nur im Beamtenrecht verwendet, wo er durch das Deutsche Beamtengesetz von 1937 auch Eingang in die Gesetzessprache gefunden hatte. Dienstherrnfähigkeit war die Berechtigung, Beamte anzustellen. Diese Fähigkeit besaßen nur das Reich (jetzt der Bund), die Länder, die Gemeinden und Gemeindeverbände sowie diejenigen (sonstigen) Körperschaften, Anstalten und Stiftungen des öffentlichen Rechts, die sie kraft ihrer Organisationsgewalt haben oder denen sie durch Gesetz, Rechtsverordnung oder Satzung verliehen wird[78]. Die Dienstherrnfähigkeit war entscheidendes Merkmal der Jellinekschen Definition des Begriffs des öffentlichen Dienstes[79].

Dieser Begriff des öffentlichen Dienstherrn hat nun allerdings nach dem Zusammenbruch etwas von seiner strengen Abgegrenztheit verloren. Er wird jetzt im weiteren Sinne auch für solche juristischen

---

[76] Z. B in den Notverordnungen der Weimarer Zeit, in denen gewisse Folgerungen auch bei denjenigen privatrechtlichen Unternehmen gezogen wurden, deren Kapital zu mehr als 50 v.H. der öffentlichen Hand gehörte.
[77] Im Ergebnis ebenso *Dietz*, Abgrenzung S. 123 ff.
[78] So jetzt § 121 BRRG.
[79] VerwR S. 356.

Personen des öffentlichen Rechts verwendet, die nicht die Befugnis zur Beamtenernennung haben[80]. Auch diese Personen bezeichnet man also jetzt als öffentliche Dienstherren, obwohl sie nur Angestellte und Arbeiter des öffentlichen Dienstes beschäftigen dürfen. Dagegen können juristische Personen des privaten Rechts keine Dienstherrnfähigkeit besitzen[81].

Gegen diese Ausweitung des Begriffs ist nichts einzuwenden. Vereinzelt sind demgegenüber zwar Bestrebungen erkennbar, den Begriff des Dienstherrn sogar im Beamtenrecht nicht mehr zu verwenden[82]. Dafür ist jedoch kein zwingender Grund erkennbar. Vielmehr hat die Anwendung des Begriffs des Dienstherrn sowohl in öffentlichrechtlichen als auch in privatrechtlichen Beschäftigungsverhältnissen des öffentlichen Dienstes ihre innere Berechtigung. Beide Beschäftigungsverhältnisse sind sogenannte Herrschaftsverhältnisse, in denen Weisungsrecht und Gehorsamspflicht korrespondieren[83]. Dann aber ist es auch heute noch gerechtfertigt, vom „Dienstherrn" zu sprechen[84].

Dabei wird allerdings folgende Unterscheidung zu machen sein: Der Begriff „öffentlicher Dienstherr" wird für beide Beschäftigungsverhältnisse, also für Beamte sowie Angestellte und Arbeiter des öffentlichen Dienstes, nur im weiteren Sinne gebraucht werden können. Für Beamte allein wird dagegen nach wie vor an dem Begriff des öffentlichen Dienstherrn im herkömmlichen Sinne, also im engeren Sinne, zur Unterscheidung von dem Begriff im weiteren Sinne festgehalten werden müssen. Noch klarer und unterscheidender dürfte es sein, im Beamtenrecht vom „öffentlich*rechtlichen* Dienstherrn" zu sprechen[85].

### 2. Die Abgrenzung des Bereichs

Öffentlicher Dienstherr können sowohl Gebietskörperschaften als auch Nichtgebietskörperschaften, Anstalten oder Stiftungen des öffentlichen Rechts sein. Diese Klarstellung ist erforderlich, weil das Regelungsgesetz zum Art. 131 GG und die Entschädigungsgesetze zwischen diesen beiden Arten von juristischen Personen des öffentlichen Rechts Unterschiede machen. Bei diesen Regelungen handelt es sich jedoch um reine Zweckmäßigkeitslösungen. Es können daraus keine

---

[80] BVerfGE 6, 246 (250); ebenso *Anders-Jungkunz-Käppner*, § 1 Anm. 3.
[81] *Plog-Wiedow*, § 2 BBG Anm. 34.
[82] So *Gerber*, DÖV 1951, 472 und *v. Turegg*, S. 332, der den Begriff des „öffentlichen Dienstgebers" verwendet.
[83] *Köttgen*, Berufsbeamtentum S. 79; *Hueck-Nipperdey*, S. 120 und 217; *Molitor*, S. 14.
[84] *Bettermann*, DÖV 1954, 299 spricht im Zusammenhang mit der Amtshaftung als Staatshaftung auch bei Angestellten und Arbeitern einer juristischen Person des öffentlichen Rechts von „Dienstherrnhaftung".
[85] Vgl. die schematische Darstellung auf S. 66.

Schlüsse auf den Kreis der öffentlichen Dienstherren gezogen werden. Durch solche Maßnahmen auf lediglich einem Teilgebiet des Rechts des öffentlichen Dienstes wird nichts dagegen gesagt, daß auch die Angestellten und Arbeiter von Nichtgebietskörperschaften, Anstalten und Stiftungen des öffentlichen Rechts an sich im öffentlichen Dienst stehen.

Gegen derartige Grenzziehungen innerhalb des öffentlichen Dienstes für bestimmte Zwecke können keine Bedenken erhoben werden. Dabei handelt es sich um Abgrenzungen und Unterscheidungen zwischen einzelnen öffentlichen Dienstherren innerhalb des gesamten öffentlichen Dienstes, genauso wie sie bei den öffentlichen Dienstnehmern, also z. B. zwischen Beamten und Richtern oder Beamten und Berufssoldaten, möglich und gegebenenfalls erforderlich sind. Derartige Unterscheidungen müssen sogar möglich sein; denn die Abgrenzung, die z. B. für die Berechnung von Vordienstzeiten gerechtfertigt und sinnvoll sein mag, braucht deswegen nicht in gleicher Weise für das G 131 notwendig zu sein[86]. Das Bundesverfassungsgericht hat es daher auch für zulässig angesehen, z. B. den Anwendungsbereich des G 131 einzuschränken und gewisse Nichtgebietskörperschaften von seiner Regelung auszunehmen[87]. Gleichzeitig hat es damit aber anerkannt, daß eine Tätigkeit bei Nichtgebietskörperschaften, Anstalten und Stiftungen des öffentlichen Rechts grundsätzlich ebenfalls öffentlicher Dienst ist.

Somit zeigt sich, daß jedes Gesetz den Bereich des öffentlichen Dienstes selbständig und für seine Zwecke geeignet abgrenzen darf. Es kann nur einen Teil der öffentlichen Dienstherren berücksichtigen, es kann aber auch andere Verbände, Einrichtungen oder Unternehmen diesen Dienstherren gleichstellen[88]. Jedoch immer dann, wenn ganz allgemein von öffentlichem Dienst gesprochen wird, muß davon ausgegangen werden, daß alle öffentlichen Dienstherren, also sowohl Gebiets- als auch Nichtgebietskörperschaften, Anstalten und Stiftungen des öffentlichen Rechts, gemeint sind.

### 3. Kirchen und Religionsgesellschaften

Zweifelhaft ist, ob die öffentlichrechtlichen Religionsgesellschaften als öffentliche Dienstherren anzusehen sind, ob also auch der Dienst der Geistlichen, Kirchenbeamten und der sonstigen Bediensteten der Kirchen zum öffentlichen Dienst gehört. Die Antwort darauf zu finden, ist deshalb so schwierig, weil einerseits nach Art. 140 GG in Verbindung mit Art. 137 V WRV die Religionsgesellschaften Körper-

---

[86] Dies verkennt *Gerth*, DVBl 1952, 426.
[87] BVerfGE 3, 162 (185); 6, 246 (250); 6, 257 (267).
[88] Vgl. oben S. 44.

schaften des öffentlichen Rechts bleiben, soweit sie solche bisher waren, und es werden können, wenn sie durch ihre Verfassung und die Zahl ihrer Mitglieder die Gewähr der Dauer bieten, andererseits der allgemeine Begriff der Körperschaft des öffentlichen Rechts, der durch die organisatorische Verknüpfung mit dem staatlichen Verwaltungsaufbau bestimmt ist, mit dem Körperschaftsbegriff in seiner Anwendung auf die Kirchen nichts mehr gemein hat[89].

Es ist heute anerkannten Rechts, daß die Kirchen grundsätzlich vom Staat unabhängig sind[90]. Sie unterliegen nicht mehr der staatlichen Kirchenhoheit und Kirchenaufsicht. Ihre Einbeziehung in den Bereich der „mittelbaren Staatsverwaltung", der konstituierendes Element des heutigen allgemeinen Begriffs der Körperschaft des öffentlichen Rechts ist[91], ist ausgeschlossen. Der Begriff der öffentlichen Körperschaft in Art. 137 V WRV hat zumindest für die großen Kirchen eine andere als die allgemeine Bedeutung.

Allerdings kann diese Frage für die vorliegende Untersuchung letztlich dahingestellt bleiben; denn die Kirchen gehören auf jeden Fall dem Bereich des öffentlichen Rechts an. Sie genießen die mit einer Stellung als Körperschaft des öffentlichen Rechts verbundenen Privilegien und Vergünstigungen. Nicht zuletzt deshalb hat das Grundgesetz den Kirchen ihren Status als Körperschaft des öffentlichen Rechts belassen, um ihnen diejenigen hoheitlichen Rechte weiterhin zu gewährleisten, die sie herkömmlich besaßen, wie z. B. das Besteuerungsrecht, Verwaltungszwangsrechte usw. Handelt es sich aber bei den Kirchen und Religionsgesellschaften um Körperschaften des öffentlichen Rechts vielleicht zwar nur noch im technischen Sinne, auf jeden Fall aber um Einrichtungen des *öffentlichen* Rechts, dann muß entsprechend dem bisherigen Ergebnis der Untersuchung, daß nämlich öffentlicher Dienst der Dienst bei einer juristischen Person des öffentlichen Rechts ist, in den Begriff des öffentlichen Dienstes auch der kirchliche Dienst einbezogen werden[92]. Öffentlicher Dienst ist also sowohl weltlicher als auch kirchlicher Dienst.

Diese weite Auslegung des Begriffs des öffentlichen Dienstes macht es erforderlich, immer dann, wenn der kirchliche Dienst bei der Verwendung des Begriffs ausgeschlossen sein soll, dies klarzustellen[93], sofern sich dies nicht bereits aus der Natur der Sache ergibt. Die Einbeziehung des kirchlichen Dienstes in den Begriff des öffentlichen

---

[89] *Hesse*, S. 77; *Forsthoff*, S. 429 Fußnote 2.
[90] W. *Weber*, VVDStRL 1954 Heft 11 S. 175; *Peters*, ebenda S. 179 ff.; *Hesse*, S. 82; BGHZ 22, 383 (387); BVerwGE 7, 189 (194).
[91] W. *Weber*, S. 11 ff.
[92] Zum gleichen Ergebnis kommt *Korte*, S. 593.
[93] Wie dies in §§ 83, 135 BRRG, in § 16 BBesG, in § 96 PersVG und in § 112 BEG geschehen ist; siehe auch *Plog-Wiedow*, § 158 BBG Anm. 20; dagegen *Kümmel*, RiA 1956, 275.

Dienstes schließt allerdings nicht aus, daß dem kirchlichen Dienstrecht eine Sonderstellung neben dem sonstigen Recht des öffentlichen Dienstes zugebilligt wird[94]. Aus diesem Grunde sowie mit Rücksicht auf die nicht ganz eindeutige staatskirchenrechtliche Lage soll bei den folgenden Untersuchungen auf den kirchlichen Dienst nicht näher eingegangen werden.

### III. Das Rechtsverhältnis zu dem öffentlichen Dienstherrn

#### 1. Die Dienstleistung

Inhalt des Rechtsverhältnisses zu dem öffentlichen Dienstherrn muß die Leistung von Diensten sein. Nicht zum öffentlichen Dienst können also solche Rechtsverhältnisse zählen, kraft deren keine Dienstleistung erbracht wird. Die Unternehmer, Handwerker oder Gewerbetreibende, die für das Gemeinwesen, den Staat, eine sonstige Körperschaft des öffentlichen Rechts im Rahmen eines Werkvertrages tätig werden oder Waren liefern, stehen daher nicht im öffentlichen Dienst. Ebenso wenig kann man beim Tätigwerden als Wähler oder im Rahmen einer Volksabstimmung von öffentlichem Dienst sprechen[95].

a) Abgesehen davon können jedoch für das Gemeinwesen *Dienste* in vielerlei Formen und von mancherlei Art *geleistet* werden. So ist z. B. der Bürger auch heute noch zur Schneebeseitigung und zum Streuen bei Glätte verpflichtet; er kann von der Gemeinde zu Hand- und Spanndiensten herangezogen werden. Ihm kann aber auch ein öffentliches Amt übertragen werden, durch das er verpflichtet wird, für das Gemeinwesen bestimmte Aufgaben zu erledigen. Schließlich ist er auch verpflichtet, den gesetzlichen Wehrdienst oder als Kriegsdienstverweigerer einen Ersatzdienst zu leisten.

Alle diese Dienstleistungen könnte man als „öffentlichen Dienst im weitesten Sinne" bezeichnen, wie dies früher geschehen ist[96]; denn mit ihnen wird Dienst für die Gesamtheit, das Gemeinwohl im Bereich des Staates, der Gemeinde oder einer (sonstigen) juristischen Person des öffentlichen Rechts geleistet. Diese Auslegung des Begriffs des öffentlichen Dienstes stünde allerdings nicht im Einklang mit der Ausdrucksweise des Grundgesetzes, das neben dem Begriff des öffentlichen Dienstes an zahlreichen Stellen außerdem in Art. 12 II den Begriff der „öffentlichen Dienstleistung" verwendet. Dort heißt es, daß niemand zu einer bestimmten Arbeit gezwungen werden darf, außer im Rahmen einer herkömmlichen allgemeinen, für alle gleichen öffentlichen Dienstleistungspflicht. Es handelt sich dabei also gerade

---

[94] *Kalisch*, S. 32 ff.
[95] *Jellinek*, Handbuch S. 27, meint allerdings, auch diese Tätigkeit nähere sich bereits dem öffentlichen Dienst.
[96] Siehe oben S. 13.

um zahlreiche Dienstleistungen der oben erwähnten Art, die an sich dem Gemeinwesen oblägen und von diesem auszuführen wären, zu deren Übernahme aber der Bürger verpflichtet werden kann, sofern dies herkömmlich ist[97].

Den Begriff des öffentlichen Dienstes für diese Art von Dienstleistungen zu verwenden, entspräche aber auch nicht der Entwicklung, die der Begriff genommen hat; denn dieser Dienstleistungspflichtige steht während der Dauer seiner Dienstleistung zu dem Gemeinwesen — ausgenommen während der Wehrpflicht — lediglich in einem allgemeinen Gewaltverhältnis, aus dem heraus er als Staatsbürger dem Staat gegenüber gewisse, jedoch für alle Bürger gleiche Pflichten hat[98]. Dagegen bezieht sich der Begriff des öffentlichen Dienstes nach seiner Entwicklung und seiner jetzt seit Jahrzehnten üblichen Verwendung nur auf Dienste, die einem öffentlichen Dienstherrn im Rahmen eines besonderen Gewaltverhältnisses geleistet werden.

b) *Besondere Gewaltverhältnisse* gibt es in vielerlei Formen. Ein besonderes Gewaltverhältnis kann kraft gesetzlichen Zwanges (z. B. für Schüler) oder kraft tatsächlichen Bedürfnisses (z. B. bei Benutzung einer Versorgungseinrichtung) oder aber auch freiwillig (z. B. als Student) begründet werden[99]. Typische besondere Gewaltverhältnisse sind das Beamten- und das Soldatenverhältnis als öffentlichrechtliche Dienst- und Treueverhältnisse. Die vorgenannten Beispiele zeigen jedoch, daß nicht jedes besondere Gewaltverhältnis gleichzeitig ein Dienstverhältnis ist. Nur diejenigen besonderen Gewaltverhältnisse, die die Leistung von Diensten zum Inhalt haben, können daher unter den Begriff des öffentlichen Dienstes fallen. Aber auch damit ist der Bereich noch nicht genügend abgesteckt; denn der Wehrpflichtige leistet seinen Wehrdienst ebenfalls in einem besonderen Gewaltverhältnis, ohne daß man ihn zu den Angehörigen des öffentlichen Dienstes zählt. Es muß deshalb zu der Eigentümlichkeit eines besonderen Gewaltverhältnisses, nämlich der Eingliederung des Einzelnen in den Bereich des Dienstherrn, die weiter unten näher untersucht werden wird, ein weiteres Merkmal, nämlich die berufsmäßige Ausübung des Dienstes, hinzukommen, um das Wesen des öffentlichen Dienstes voll zu erfassen.

Mit der Gegenüberstellung von Dienstleistungen im Rahmen eines allgemeinen und eines besonderen Gewaltverhältnisses ist bisher nur der Bereich des öffentlichen Rechts abgegrenzt. Dem Staat oder einer (sonstigen) juristischen Person des öffentlichen Rechts können aber auch im Rahmen eines privatrechtlichen Vertrages Dienste geleistet

---

[97] *v. Mangoldt-Klein*, Art. 12 Anm. VII 2 a; Bayr. VGHE 7, 80.
[98] H. J. *Wolff*, VerwR S. 147.
[99] H. J. *Wolff*, VerwR S. 148; *Forsthoff*, S. 115.

werden. Auch in diesem Bereich kann jedoch nicht jede Dienstleistung zum öffentlichen Dienst gerechnet werden. Der Rechtsanwalt oder der Architekt, die im Rahmen eines Dienstvertrages für den Staat einen Prozeß führen oder einen Grundriß entwerfen, stehen nicht im öffentlichen Dienst; denn für sie ist der Staat oder die (sonstige) juristische Person des öffentlichen Rechts kein Dienstherr oder Arbeitgeber, sondern lediglich Vertragspartner eines schuldrechtlichen Vertrages. Auch im Bereich des Privatrechts muß der Dienst für den Staat usw. im Rahmen eines Gewaltverhältnisses geleistet werden. Es handelt sich hierbei um das privatrechtliche Gewaltverhältnis zwischen Arbeitnehmer und Arbeitgeber, das sich ebenfalls aus der Eingliederung des Dienstpflichtigen in den Betrieb des Betriebsinhabers ergibt[100]. Nur die von einer juristischen Person des öffentlichen Rechts im Arbeitsverhältnis beschäftigten Angestellten und Arbeiter fallen daher unter den Begriff des öffentlichen Dienstes.

## 2. Die Beruflichkeit

a) Das Dienstverhältnis zu dem öffentlichen Dienstherrn muß ein berufliches sein; der Dienst muß berufsmäßig ausgeübt werden. Diese Voraussetzung erfordert ein Eingehen darauf, was unter „berufsmäßig" zu verstehen ist. Einen Beruf auszuüben bedeutet, sich einer Tätigkeit zu widmen, die geeignet ist, jemandem eine wirtschaftliche Stellung innerhalb der Gesellschaft zu geben und durch entsprechende Gegenleistung den notwendigen Lebensunterhalt zu gewähren. Diese Tätigkeit darf nicht nur vorübergehend geleistet werden und muß regelmäßig dem Zweck dienen, die notwendigen Mittel für den Lebensunterhalt zu beschaffen[101]. In dem Begriff „Beruf" ist also zweierlei enthalten: daß er Lebensgrundlage und Lebensaufgabe ist[102]. Beide Momente sind für den öffentlichen Dienst bedeutsam, wenn auch nicht überall mit der gleichen Intensität.

Für den Beruf als Lebensaufgabe ist wesentlich, daß der Mensch eine innere Beziehung zu seinem Beruf hat, für den er sich verpflichtet und verantwortlich fühlt. Dieses Wesensmerkmal ist Inhalt des Berufsbeamtentums. Von einem Berufsbeamten wird erwartet, daß er seine ganze Arbeitskraft im öffentlichen Dienst für das allgemeine Wohl einsetzt. Nicht anders verhält es sich bei den Berufsrichtern und Berufssoldaten. Das gleiche erwartet man von den Angestellten

---

[100] *Molitor*, S. 14; *Ule*, VVDStRL 1957 Heft 15 S. 152; unklar *Wacke*, Grundlagen S. 108 sowie in VVDStRL 1957, S. 207 ff. und DÖV 1958, 278, der offenbar auch bei den Arbeitnehmern des öffentlichen Dienstes ein dem öffentlichen Recht angeglichenes bes. Gewaltverhältnis annehmen will.
[101] *Abraham* in Bonner Ktr., Art. 12 Anm. II 3 a S. 3; *Scharmann*, S. 2.
[102] BVerfGE 7, 377 (397).

und Arbeitern des öffentlichen Dienstes, wenn auch vielleicht nicht in dem gleichen Maße wie bei den Beamten.

Wesentliche Merkmale des Berufs als Lebensgrundlage sind, daß der Beruf für eine gewisse Dauer und gegen Entgelt ausgeübt wird. Beides muß im öffentlichen Dienst vorhanden sein, um davon ausgehen zu können, daß es sich um einen öffentlichen Dienstnehmer handelt[103]. Ist dies nicht der Fall, wird man die ausgeübte Tätigkeit zwar als öffentliche Dienstleistung ansehen, jedoch nicht unter den Begriff des öffentlichen Dienstes subsumieren können.

b) Die Unterschiede zeigen sich deutlich in folgenden Fällen:

aa) Im *Wehrdienstverhältnis* kann sowohl beruflicher als auch nichtberuflicher Wehrdienst geleistet werden. Der nichtberufliche Wehrdienst wird auf Grund der Wehrpflicht erfüllt. Wehrpflicht ist die auf dem Gesetz beruhende Verpflichtung, als Soldat Waffendienst zur Verteidigung des Staates und der Freiheit des Volkes zu leisten[104]. Dieser Dienst wird in Erfüllung „einer allgemeinen Grundpflicht aller Staatsbürger" geleistet[105].

Der gesetzliche, auf der Wehrpflicht beruhende Wehrdienst muß als öffentliche Dienstleistung angesehen werden. Ein seine Wehrpflicht erfüllender Soldat gehört nicht zu den öffentlichen Dienstnehmern; denn er übt seinen Wehrdienst nicht beruflich aus. Erst dadurch, daß jemand mit seinem Dienstantritt den soldatischen Dienst als Beruf erwählt und eine soldatische Laufbahn einschlagen will, wird sein Wehrdienst ein beruflicher und er selbst zu einem öffentlichen Dienstnehmer[106].

Dieselben Überlegungen gelten für den zivilen Ersatzdienst, in dem Aufgaben durchgeführt werden, die dem Allgemeinwohl dienen[107]. Auch der Ersatzdienstpflichtige steht in keinem beruflichen Dienstverhältnis; er gehört ebenfalls nicht zu den Angehörigen des öffentlichen Dienstes.

bb) Im Gegensatz zu dem beruflichen Dienstverhältnis im öffentlichen Dienst steht ferner *die ehrenamtliche Tätigkeit*, zu der der Bürger vom Staat oder einer (sonstigen) juristischen Person des öffentlichen Rechts verpflichtet wird. Der Inhaber eines Ehrenamtes ist Amtsträger; er verwaltet einen bestimmten Kreis öffentlicher Aufgaben. Er tut dies jedoch nicht beruflich. Seine Dienstleistung wird nur entweder in großen Zeitabständen oder neben seinem eigentlichen Beruf oder zumindest — sofern er einen solchen nicht oder nicht

---

[103] *Heyland,* S. 34.
[104] *Scherer-Flor,* § 1 WehrpflG Anm. I 1.
[105] OVG Münster-DVBl 1958, 801.
[106] BVerwGE 7, 164 (165).
[107] § 1 des Gesetzes über den zivilen Ersatzdienst vom 13. Januar 1960 (BGBl. I S. 10).

mehr ausübt — außerhalb seiner eigentlichen Lebensaufgabe ge-
fordert[108]. Der Inhaber eines Ehrenamtes nimmt seine Aufgabe un-
entgeltlich und nur in Erfüllung einer öffentlichrechtlichen Pflicht
wahr. Er steht daher zum Staat, zum Gemeinwesen zwar in einem
öffentlichrechtlichen Treueverhältnis; er hat auch bei der Wahrnehmung seiner Aufgaben Dienst zu leisten. Er steht jedoch in keinem
beruflichen, als besonderes Gewaltverhältnis ausgestalteten Dienstverhältnis[109]. Aus diesen Gründen kann der ehrenamtlich tätige
Bürger nicht als öffentlicher Dienstnehmer angesehen werden.

Dies gilt für die ehrenamtliche Tätigkeit sowohl innerhalb der
Verwaltung als auch in der Rechtspflege. Zu den ehrenamtlichen
Richtern gehören der Schöffe, der Geschworene, der Arbeits-, der
Sozialrichter oder die ehrenamtlichen Mitglieder der Verwaltungs- und
Finanzgerichte. Sie alle üben ihre Tätigkeit nicht als Beruf, sondern
in Erfüllung der ihnen durch ihre Wahl oder Ernennung zum Laien-
richter zugefallenen staatsbürgerlichen Aufgabe aus. Sie stehen nicht
im öffentlichen Dienst.

cc) Bei dem *Ehrenbeamten* ist zweifelhaft, ob er im öffentlichen
Dienst steht. Seine Rechtsstellung gleicht einerseits der eines Beamten.
Der Ehrenbeamte wird wie ein Berufsbeamter unter Aushändigung
einer Ernennungsurkunde in das Beamtenverhältnis als Ehrenbeamter
berufen. Auf ihn finden grundsätzlich die allgemeinen beamtenrechtlichen Vorschriften Anwendung. Andererseits gleicht aber seine Stellung derjenigen eines ehrenamtlich Tätigen, der nicht im öffentlichen
Dienst steht. Der Ehrenbeamte erhält wie jeder andere Inhaber eines
Ehrenamtes keine Besoldung und keine Versorgung; er übt seine Tätigkeit nicht beruflich aus[110], da sie wegen des fehlenden Entgeltes
nicht seine Lebensgrundlage sein kann. Da aber dieses für den Begriff des öffentlichen Dienstes zu fordernde Wesensmerkmal der Be-
ruflichkeit fehlt, kann die Tätigkeit als Ehrenbeamter trotz dessen
beamtenrechtlichen Stellung nicht als öffentlicher Dienst angesehen
werden.

Dieses Ergebnis findet seine Bestätigung darin, daß der Ehrenbeamte in der derzeitigen gesetzlichen Regelung nicht wie die sonstigen Angehörigen des öffentlichen Dienstes, sondern als Ausnahme
behandelt wird, — offenbar weil man ihn bisher noch in diesen Kreis
einbezog. So wird z.B. die Zeit, in der jemand als Ehrenbeamter tätig

---

[108] *Heyland-Geffers,* S. 24.
[109] *Görg,* S. 97, spricht hier von einem öffentlichrechtlichen Dienstverhältnis, auf das weder die Vorschriften des Arbeitsrechts noch des Beamtenrechts Anwendung fänden, ohne jedoch im einzelnen darzulegen,
wie er sich die Ausgestaltung dieses Dienstverhältnisses denkt.
[110] *Jellinek,* S. 361; *Maunz,* S. 251; *Peters,* S. 251; *Heyland-Geffers,* S. 24;
*Fölsche,* S. 53.

gewesen ist, nicht als ruhegehaltfähige Dienstzeit angesehen (§ 111 I Nr. 4 BBG); das Gesetz über die Rechtsstellung der in den Deutschen Bundestag gewählten Angehörigen des öffentlichen Dienstes gilt für Ehrenbeamte nicht (§ 7).

### 3. Die Eingliederung in die Organisation des öffentlichen Dienstherrn

Der öffentliche Dienstnehmer muß in die Organisation des öffentlichen Dienstherrn eingegliedert sein.

a) Der Begriff der Eingliederung ist im Bereich des öffentlichen Dienstes nicht unbekannt; er wird — wenn auch zum Teil mit anderen Worten — in verschiedenen Zusammenhängen gebraucht. So unterscheidet z. B. das Bundesverfassungsgericht[111] „zwischen freien Berufen mit gewissen öffentlichrechtlichen Auflagen und Berufen mit völliger Einbeziehung in die unmittelbare Staatsorganisation", worunter es den öffentlichen Dienst versteht. Früher hatte schon der Reichsfinanzhof[112] den Notar als „nicht eingegliedert in die Körperschaft des Reichs" bezeichnet, um zu zeigen, daß er nicht zum öffentlichen Dienst gehört. Schließlich spricht auch Heyland[113] im Zusammenhang mit der Frage, welchen Sinn die Inkompatibilitätsbestimmungen hätten, davon, daß „eine Abgeordnetentätigkeit des Beamten dessen Einordnung in den öffentlichen Dienst verletzen und überschneiden würde". Es fragt sich also, was unter dieser Eingliederung in die Organisation des öffentlichen Dienstherrn zu verstehen ist. Ein derartiges Verstehen wird erleichtert, wenn man von dem Begriff der „Einordnung in den Betrieb" ausgeht, der seit langem im Arbeitsrecht verwendet wird[114]. Dieser Begriff bedeutet, daß der Arbeitnehmer sich dem Inhaber des Betriebes mit seiner gesamten Arbeitskraft zur Verfügung stellt, um die Betriebszwecke zu fördern, daß er sich damit in ein Abhängigkeitsverhältnis begeben hat, in dem er der Befehls- und Organisationsgewalt des Betriebsinhabers unterworfen ist[115], und daß er Mitglied einer Betriebsgemeinschaft, einer Organisation geworden ist, innerhalb deren die Tätigkeit jedes einzelnen auf die Tätigkeit aller anderen und auf den gemeinsamen Zweck abgestimmt sein muß.

Nicht anders ist es im Bereich des öffentlichen Dienstes. Öffentlicher Dienst ist — wie oben festgestellt worden ist[116] — die Dienstleistung in einem besonderen Gewaltverhältnis. Die Eigenart eines jeden be-

---

[111] BVerfGE 7, 377 (398).
[112] In RStBl. 1942, 1057.
[113] a.a.O. S. 109.
[114] *Nikisch*, S. 11, und *Molitor*, S. 10 ff. mit weiteren Literaturangaben.
[115] *Nikisch*, S. 12; *Molitor*, S. 16/17.
[116] Siehe oben S. 49.

sonderen Gewaltverhältnisses ist aber, daß der Betroffene mit der
Begründung des Gewaltverhältnisses in die Organisation der Schule,
der Krankenanstalt, der Universität, der Verwaltungsbehörde usw.
eingegliedert wird[117]. Diese Eingliederung ist jedoch unterschiedlich,
je nachdem, ob es sich um ein besonderes Gewaltverhältnis innerhalb
einer Anstalt, Schule usw. oder um das besondere Gewaltverhältnis
eines öffentlichen Dienstnehmers handelt. Bei den Dienstverhältnissen
der Beamten, der Richter, der Soldaten, aber auch der Angestellten
und Arbeiter des öffentlichen Dienstes ist der Gewaltunterworfene
in die Organisation des öffentlichen Dienstherrn eingegliedert, um
dessen Aufgaben zu erfüllen[118]. Von ihm wird erwartet, daß er mit
seiner gesamten Arbeitskraft dem Wohle der Allgemeinheit dient.
Der Dienstherr hat die Möglichkeit, über die Arbeitskraft des öffentlichen Dienstnehmers zu verfügen und ihn nach den wechselnden Be-
dürfnissen des Dienstbetriebes — wenn auch unter Berücksichtigung
gesetzlicher Bindungen — einzusetzen. Der Dienstnehmer steht innerhalb eines hierarchischen Aufbaus und ist der Dienstgewalt und
Dienstaufsicht seines Vorgesetzten unterworfen.

Das gilt sowohl für das öffentlichrechtliche Dienst- und Treueverhältnis als auch für das privatrechtliche Gewaltverhältnis des Arbeitnehmers, wenn auch hier mit den sich aus dem arbeitsrechtlichen
Charakter dieses Verhältnisses ergebenden Einschränkungen.

b) Das Merkmal der Eingliederung des öffentlichen Dienstnehmers
ermöglicht es, den öffentlichen Dienst von den folgenden Rechtsverhältnissen abzugrenzen.

aa) Nicht zum öffentlichen Dienst kann danach die Tätigkeit als
*Notar* gerechnet werden[119]. Der Notar war bis zum Inkrafttreten der
Reichsnotarordnung vom 13. Februar 1937[120] in den meisten deutschen
Ländern Beamter und daneben vielfach Rechtsanwalt. Jetzt ist er
dies nicht mehr. Er steht als öffentlicher Amtsträger zum Staat nur
noch in einem öffentlichrechtlichen Treueverhältnis, nicht dagegen in
einem Dienstverhältnis.

Auf dieses Rechtsverhältnis finden zwar wesentliche Grundsätze des Beamtenrechts Anwendung. So erhält der Notar eine
Bestallungsurkunde (§ 14 RNotO), bei strafgerichtlicher Verurteilung
verliert er sein Amt in gleicher Weise wie ein Beamter (§ 37 RNotO),
er untersteht hinsichtlich seiner Amtsführung der Aufsicht des Land-

---

[117] *Ule*, a.a.O., spricht von „Betrieb in einem weiteren soziologischen
Sinne". Dieser Ausdruck erweckt jedoch den Anschein, als ob es sich um
Arbeitsrecht handele, und soll daher hier nicht übernommen werden.
[118] *v. Mangoldt-Klein*, Vorbem. B XVI 4 S. 137.
[119] Ebenso BVerwGE 2, 267 für das Gebiet der Wiedergutmachung im
öffentlichen Dienst.
[120] RGBl. I S. 191.

gerichtspräsidenten (§ 65 RNotO), gegen ihn kann ein Dienststraf-
verfahren nach den für die Richter geltenden Vorschriften durchgeführt werden (§§ 68 ff. RNotO). Dennoch ist der Notar kein Beamter,
es sei denn, daß er auch heute noch, wie z. B. in Baden-Württemberg,
in den staatlichen Notariatsbehörden ausdrücklich in das Beamtenverhältnis berufen wird[121].

Trotz seiner beamtenähnlichen Stellung steht der Notar nicht im
öffentlichen Dienst; denn es fehlt an der dafür wesentlichen Voraussetzung der Eingliederung in die Staatsorganisation[122]. Er braucht
nicht wie die in die Organisation des öffentlichen Dienstherrn ein-
gegliederten Dienstnehmer seine ganze Arbeitskraft dem Staat zur
Verfügung zu stellen; er ist keiner Organisationsgewalt des Staates
oder seinen Weisungen unterworfen. Seine Stellung ist, ähnlich der
eines Rechtsanwaltes, freiberuflich gestaltet, wenn er auch kein Gewerbe ausübt. Er erhält keine Besoldung aus der Staatskasse, sondern
erhebt Gebühren. Seine Versorgung wird nicht vom Staat übernommen.

Der Unterschied in der Rechtsstellung zeigt sich deutlich bei einem
Vergleich mit dem *Gerichtsvollzieher*, der ebenfalls sogen. Gebührenbeamter ist. Lange Zeit waren die Rechtsverhältnisse der Gerichtsvollzieher in den deutschen Ländern unterschiedlich geregelt. Man
unterschied drei Systeme: Den reinen Gebührenbeamten bei freier
Gerichtsvollzieherwahl des Gläubigers, den festbesoldeten Gerichtsvollzieher mit Anteil an den Gebühren, die dem Staat zuflossen, und
den Gerichtsvollzieherbeamten ohne Gebühren in sogen. Gerichts-
vollzieherämtern[123]. Auf Grund der einheitlich von Bund und Ländern erlassenen Gerichtsvollzieherordnung[124] ist der Gerichtsvollzieher nunmehr in ganz Deutschland Beamter im staatsrechtlichen
Sinne. Er erhält Besoldung und später Versorgung. An den Gebühren,
die dem Staat zufließen, ist er nur beteiligt. Die Geschäftsverteilung
wird durch die Gerichtsvollzieher-Verteilungsstellen vorgenommen. Er
steht in einer Laufbahn mit hierarchischem Aufbau. Alles das läßt
erkennen, daß er trotz seiner Eigenschaft als Gebührenbeamter und
trotz mancher anderer Freiheiten in der Art der Geschäftsführung
fest in die Organisation des Staates eingegliedert ist. Damit aber sind
— anders als beim Notar — alle Wesensmerkmale des öffentlichen
Dienstes vorhanden, so daß der Gerichtsvollzieher als öffentlicher
Dienstnehmer anzusehen ist.

---

[121] Vgl. *Holtkotten* in Bonner Ktr. Art. 138 Anm. II.
[122] Ebenso RFH in RStBl. 1942, 1057, der aus dieser fehlenden Eingliederung auf die Umsatzsteuerpflicht des Notars schließt.
[123] Einzelheiten siehe bei *Rosenberg*, S. 108.
[124] Für Berlin siehe ABl. 1954, 1505.

bb) Nicht zum öffentlichen Dienst kann schließlich die Tätigkeit in einem sogen. *staatlich gebundenen Beruf*[125] gerechnet werden, obwohl sie in gewissem Umfange öffentliche Aufgaben erfüllt und den staatlichen Interessen dient. Zu derartigen Berufen gehört z. B. die Tätigkeit eines Bezirksschornsteinfegermeisters oder eines Feldmessers, Wägers und der übrigen in § 36 GewO aufgeführten Berufe, sofern diejenigen, die sie ausüben, öffentlich bestellt sind. Sie sind in mannigfaltiger Gestalt möglich und vorhanden[126]. Zum Teil enthält ihr Berufsrecht Regelungen, wie sie sich sonst nur im Beamtenrecht finden[127], z. B. bei der Festlegung von Altersgrenzen und Altersversorgung für die Schornsteinfeger und Hebammen. Dennoch werden alle diese Berufe freiberuflich, als Gewerbe oder als Handwerk betrieben. Trotz vielfacher öffentlichrechtlicher Auflagen und Unterstellung unter staatliche Aufsicht sind sie nicht in die Staatsorganisation einbezogen[128], so daß ihnen dieses wesentliche Moment des Begriffs des öffentlichen Dienstes fehlt. Die in derartigen Berufen Tätigen können daher nicht — wie dies Denecke in sehr weiter Auslegung des Begriffs tut[129] — zu den Angehörigen des öffentlichen Dienstes gerechnet werden.

### IV. Die Angehörigen des öffentlichen Dienstes

Nachdem der Begriff des öffentlichen Dienstherrn und das Rechtsverhältnis zu diesem Dienstherrn dargelegt worden sind, soll nunmehr im einzelnen näher darauf eingegangen werden, welche Personen im öffentlichen Dienst stehen. Dabei werden die verschiedenen Gruppen der öffentlichen Dienstnehmer behandelt werden müssen, aber auch die Grenzfälle des Bundespräsidenten, der Minister und Abgeordneten, die zwar nicht als öffentliche Dienstnehmer bezeichnet werden können, möglicherweise aber dennoch im öffentlichen Dienst stehen.

Der Ausdruck „öffentlicher Dienstnehmer" ist gewählt worden, weil er am besten zu dem Begriff des öffentlichen Dienstherrn korrespondiert und weil er dem im privaten Dienst verwendeten Begriff des „Arbeitnehmers" entspricht[130].

---

[125] Grundlegend *Triepel* „Staatsdienst und staatlich gebundener Beruf".

[126] Streitig geworden ist, ob das Verhältnis der nichtbeamteten Fleischbeschauer und Trichinenschauer zum Staat als staatlich gebundener Beruf eines selbständigen Gewerbetreibenden (so *Triepel*, a.a.O. S. 60 Fußnote 1), als privatrechtliches Dienstverhältnis (so RAG in ständiger Rechtsprechung) oder als öffentlichrechtliches Dienstverhältnis anzusehen ist (so jetzt BGHZ 22, 246 mit zustimmender Stellungnahme von *Werner* in DVBl 1957, 350 und ablehnender Stellungnahme von *Denecke* in AP Nr. 1 zu § 611 BGB).

[127] BVerfGE 1, 264 (272); 9, 338 (344 f.).

[128] BVerfGE 7, 377 (398).

[129] RGRKom. zum BGB, Vorbem. vor § 611 Anm. 39.

[130] *Wacke*, Öffentliches Dienstrecht S. 3, hat den Ausdruck früher eben-

## 1. Die öffentlichen Dienstnehmer

a) Der *Berufsbeamte* steht in einem öffentlichrechtlichen Dienst- und Treueverhältnis. Er kann auf Lebenszeit oder auf Zeit angestellt werden; Berufsbeamter ist aber auch schon, wer auf Probe oder auf Widerruf in das Beamtenverhältnis berufen wird (§ 3 I BRRG).

Das Beamtenverhältnis auf Lebenszeit bildet die Regel. Das Rechtsverhältnis des Beamten auf Zeit spielt im Bundesdienst nur eine geringe Rolle[131], ist dagegen in den Ländern von größerer Bedeutung, da es hier im Kommunaldienst für die sogen. Wahlbeamten verwendet wird[132]. Das Dienstverhältnis dieser Wahlbeamten ist ein echtes Beamtenverhältnis, obwohl die besondere Stellung der Wahlbeamten auf der Grenze zwischen Beamtenrecht und Kommunalrecht seit jeher die Gestaltung ihres Dienstrechts beeinflußt hat[133]. Auch der Wahlbeamte steht daher im öffentlichen Dienst.

b) Der *Berufsrichter* gehörte bis zum Erlaß des Grundgesetzes zu den Beamten, wenn auch zum Teil mit einem gewissen Sonderstatus als sogen. richterlicher Beamter. Sein Verhältnis zum Staat war ebenso wie das des Beamten ein öffentlichrechtliches Dienst- und Treueverhältnis. Er stand im öffentlichen Dienst.

Das Grundgesetz brachte hier Neuerungen. Es führt in verschiedenen Artikeln[134] die Richter gesondert neben den Beamten auf. Diese Tatsache brachte Meinungsverschiedenheiten hervor. Während die einen meinten, dies bedeute keineswegs die Herauslösung der Richter aus der Beamtenschaft[135], betonten andere, insbesondere die Justizminister[136], daß damit eine seit langem im Gange befindliche Entwicklung ihren Abschluß gefunden habe, die rechtsprechende Gewalt klar und sauber von der vollziehenden Gewalt zu trennen. Der Streit dürfte zugunsten einer selbständigen Regelung für die Rechtsverhältnisse der Richter entschieden worden sein, da der Bundesgesetzgeber jetzt immer zwischen Beamten und Richtern trennt. So hat er in § 189 I BBG das Bundesbeamtengesetz für die Richter des Bundes nur für entsprechend anwendbar erklärt und auch die Richter nicht in das Personalvertretungsgesetz aufgenommen. Ein besonderes Richtergesetz des Bundes mit Rahmenvorschriften für die Richter im Landesdienst ist in Vorbereitung[137].

---

falls verwendet, gerade um die Leistung von öffentlichen Diensten zu kennzeichnen.

[131] Lediglich in §§ 195, 196 BBG ist auf derartige Rechtsverhältnisse bei der Bundesbahn und der Deutschen Landesrentenbank hingewiesen.

[132] *Fischbach* nach § 9 BBG S. 163.

[133] BVerfGE 7, 155 (164/165).

[134] Vgl. 60 I, 96 III, 132 I 1 und 137 I GG.

[135] Stellungnahme der Innenminister in DVBl 1955, 488 und ZBR 1956, 20.

[136] DVBl 1955, 805.

[137] BT-Drucks. Nr. 516/58. Das Land Berlin hat bereits ein eigenes Richtergesetz vom 19. Juni 1958 (GVBl. S. 551).

Dieser Entwurf eines Richtergesetzes bezeichnet das Verhältnis des Richters zum Staat als sogen. Richterverhältnis. Auch dieses ist ein besonderes Gewaltverhältnis[138]; auch der Richter ist in die Staatsorganisation eingegliedert, wenngleich Abweichungen von dem öffentlichrechtlichen Dienst- und Treueverhältnis des Beamten nicht zu verkennen sind[139]. Die dem Richter übertragene Aufgabe der Rechtsprechung macht ihn insoweit zum unmittelbaren Staats- oder Verfassungsorgan[140], als das er unabhängig und von Weisungen frei ist. Das hindert jedoch nicht, den Richter zum öffentlichen Dienst zu zählen; denn auch er untersteht außerhalb des weisungsfreien Raumes der Dienstaufsicht seines Dienstvorgesetzten. Hier ist auch er in die Organisation des Staates eingegliedert. Auch die persönliche Unabhängigkeit des Richters, deren Elemente die Unabsetzbarkeit und Unversetzbarkeit sind, ist nicht absolut. Dort, wo Absetzung oder Versetzung einmal gegen den Willen des Richters zwingend notwendig werden könnten, sind sie durchführbar, sofern die gesetzlich festgelegten Voraussetzungen erfüllt und eine entsprechende richterliche Entscheidung herbeigeführt worden sind[141]. Auch der Richter unterliegt gegebenenfalls einem Disziplinarverfahren. Allerdings besteht daneben gemäß Art. 98 GG in besonderen Fällen — und damit ist wiederum die Stellung des Richters als Verfassungsorgan gekennzeichnet — das Institut der Richteranklage vor dem Bundesverfassungsgericht.

Der Berufsrichter kann wie der Beamte auf Lebenszeit oder auf Zeit, auf Probe oder auf Widerruf angestellt sein. Jeder dieser Richter steht in einem beruflichen Richterverhältnis, und zwar in der Regel in einem hauptberuflichen. Nur in Ausnahmefällen wird das Berufsrichteramt nebenamtlich ausgeübt. Dies ist immer dann der Fall, wenn ein bereits hauptamtlich tätiger Richter oder ein Universitätsprofessor zum nebenamtlichen Berufsrichter ernannt wird[142].

c) Der *Berufssoldat* steht ebenfalls zum Staat in einem öffentlichrechtlichen Dienst- und Treueverhältnis. Zwischen einem Beamtenverhältnis und einem Berufssoldatenverhältnis bestehen weitgehende Parallelen[143]. Der Berufssoldat unterscheidet sich vom Beamten dadurch, daß seine Tätigkeit nicht wie bei dem Beamten auf die Verwaltung eines Amtes gerichtet ist[144], sondern daß er die Aufgabe und die Pflicht hat, für die Verteidigung seines Landes die Waffen zu

---

[138] *Plog-Wiedow*, § 189 Anm. 3.
[139] *Bochalli*, § 189 BBG Anm. 1, 2.
[140] *Köttgen*, Berufsbeamtentum S. 79.
[141] *Bettermann*, S. 596.
[142] Wie dies z. B. nach § 15 MRVO Nr. 165 möglich war und jetzt nach § 16 VwGO zulässig ist.
[143] BVerwGE 2, 180 (182).
[144] *Plog-Wiedow*, § 2 BBG Anm. 10; *Grabendorff*, § 2 BBG Anm. 1.

führen und notfalls sein Leben einzusetzen. Insoweit steht der Berufssoldat dem wehrpflichtigen Soldaten gleich, so daß das Verhältnis aller Soldaten ganz allgemein als Wehrdienstverhältnis bezeichnet wird[145].

Das Wehrdienstverhältnis des Berufssoldaten beruht auf freiwilliger Verpflichtung. Das Gesetz unterscheidet den Berufssoldaten, der sich verpflichtet hat, auf Lebenszeit Wehrdienst zu leisten, und den Soldaten auf Zeit, der nur für begrenzte Zeit Wehrdienst leisten will. Der „Soldat auf Zeit" ist eine Bezeichnung, die es bisher in Deutschland nicht gab[146]. Man hat sie offenbar dem Terminus „Beamten auf Zeit" angleichen wollen[147]. Auch der Soldat auf Zeit ist Berufssoldat. Sein Dienstverhältnis ist zwar auf begrenzte Zeit angelegt; es geht aber stets über die kraft Gesetzes bestehende Wehrpflicht hinaus[148]. Nach Ablauf des Zeitverhältnisses sorgt der Staat durch Aus- oder Weiterbildung und andere Übergangsmaßnahmen für den ehemaligen Soldaten auf Zeit weiter. Damit kann sein Dienstverhältnis als berufsmäßiger Wehrdienst angesehen werden[149]. Auch der Soldat auf Zeit steht daher im öffentlichen Dienst.

d) Der *Angestellte und Arbeiter des öffentlichen Dienstes* steht in einem privatrechtlichen Dienstverhältnis zu seinem öffentlichen Dienstherrn. Nun wird vereinzelt auch heute noch versucht[150], bei diesem privatrechtlichen Rechtsverhältnis zu trennen die Art und Weise seiner Begründung, die durch privatrechtlichen Dienstvertrag erfolge, und das innerdienstliche Verhältnis zu dem Dienstherrn, das in diesen Fällen ebenfalls öffentlichrechtlichen Charakter habe. Dies folgert Maunz[151] aus der inhaltlichen Ausgestaltung dieses Dienstverhältnisses.

Dieser Auffassung kann nicht gefolgt werden. Ob ein Rechtsverhältnis öffentlichrechtlicher oder privatrechtlicher Natur ist, hängt davon ab, ob darauf öffentliches oder privates Recht anwendbar ist. Das Dienstverhältnis der Arbeitnehmer des öffentlichen Dienstes gehört aber dem Privatrecht an, ob man nun der wohl noch herrschenden Subjektionstheorie[152] über den Unterschied zwischen öffentlichem und privatem Recht oder der von H. J. Wolff[153] entwickelten Subjekttheorie folgt.

---

[145] § 1 des Soldatengesetzes vom 19. März 1956 (BGBl. I S. 114).
[146] *Rittau*, § 1 SoldG Anm. II.
[147] *Scherer*, ZBR 1956, 114.
[148] *Scherer*, § 1 SoldG Anm. III 2.
[149] BVerwGE 7, 214 (218).
[150] So insbesondere *Maunz*, S. 249; *Gerber*, DVBl 1951, 492.
[151] a.a.O. S. 249.
[152] BGHZ 14, 222 (227).
[153] AöR 76, 208.

Daran ändert auch nichts der Umstand, daß dieses Dienstverhältnis weitgehend durch Tarifrecht gestaltet ist; denn auch das durch Tarifvertrag oder Tarifordnung gestaltete Recht der Arbeitnehmer des öffentlichen Dienstes ist Privatrecht, — auch dann, wenn es einzelne Grundsätze des Beamtenrechts übernommen hat. Derartige Bezugnahmen auf Beamtenrecht haben lediglich die Bedeutung, daß diese Vorschriften innerhalb des privatrechtlichen Dienstverhältnisses als privatrechtliche Vorschriften entsprechende Anwendung finden[154]. Die Angestellten und Arbeiter des öffentlichen Dienstes sollen in gewissen Beziehungen so behandelt werden, als ob sie Beamte wären. Der in der Rechtsnatur des Dienstverhältnisses liegende grundsätzliche Unterschied zum Beamtenrecht wird dadurch nicht beseitigt. Vielmehr bleibt das Dienstverhältnis dieser Angestellten und Arbeiter ein privatrechtliches Arbeitsverhältnis[155/156].

## 2. Die Grenzfälle

Von den öffentlichen Dienstnehmern unterscheiden sich Bundespräsident, Minister und Abgeordnete dadurch, daß sie zum Staat nicht in einem besonderen Gewaltverhältnis mit einer dieses kennzeichnenden Dienst- und Dienststrafgewalt stehen. Jellinek[157] hatte sie daher nicht zum öffentlichen Dienst gerechnet. Sein Begriff des öffentlichen Dienstes orientierte sich jedoch im wesentlichen an dem Dienst des Beamten. Da nunmehr unter den Begriff des öffentlichen Dienstes aber auch andere Rechtsverhältnisse als die des Beamten fallen, muß erneut geprüft werden, ob diese Personen zum öffentlichen Dienst gerechnet werden können. Dazu wird allerdings ihre Rechtsstellung nicht bis in alle Einzelheiten untersucht werden können; denn eine solche Untersuchung dürfte den Rahmen dieser Arbeit erheblich überschreiten. Man wird sich vielmehr darauf beschränken müssen, aber auch können, an Hand der positivrechtlichen Regelungen die oben angeführte Prüfung vorzunehmen.

a) Der *Bundespräsident* ist Träger eines verfassungsmäßig konstituierten Bundesamtes, das durch die Verfassungsbestimmungen rechtlich umschrieben ist; er ist Verfassungsorgan[158]. Er ist zur Einhaltung des Grundgesetzes und der Gesetze des Bundes verpflichtet. Bei Ver-

---

[154] *Heyland*, S. 42; auch *Wacke*, Grundlagen S. 26.
[155] BAGE 4, 1 (3).
[156] Dies ist auch die übereinstimmende Auffassung des Bundesverwaltungsgerichts und des Bundessozialgerichts für das Verhältnis der Angestellten der Sozialversicherungsträger, das durch Dienstordnungen am weitesten dem Beamtenrecht angeglichen ist (vgl. BVerwG-DVBl 1956, 267; BSozG-DVBl 1956, 653; ebenso *Wacke*, ZBR 1955, 229; a. A. W. *Weber*, ZBR 1955, 129).
[157] VerwR S. 358; Handbuch S. 27.
[158] Bonner Ktr., Art. 54 Anm. II 2; *Maunz-Dürig*, Art. 54 Anm. 7.

fehlungen wird gegen ihn kein Disziplinarverfahren durchgeführt, sondern Anklage vor dem Bundesverfassungsgericht erhoben.

Der *Bundeskanzler* und die *Bundesminister* sind ebenfalls Verfassungsorgane und Träger öffentlicher Ämter. Sie sind keine Beamte[159]; ein Disziplinarverfahren findet gegen sie nicht statt, § 8 BMinG.

Beiden Gruppen ist gemeinsam, daß sie zum Staat in einem öffentlichrechtlichen Amtsverhältnis stehen, das durch besondere Gesetze seine äußere Form erhalten hat[160]. Dabei sind jedoch die Rechtsverhältnisse nicht bis in alle Einzelheiten geregelt worden; Vorschriften des Beamtenrechts sind in gewissem Umfange für anwendbar erklärt worden. Beide Gruppen von Amtsträgern sind Repräsentanten des Staates. Sie haben keinen konkreten Dienstherrn über sich[161]. Der Staat als abstrakter Dienstherr wird wechselseitig von den verschiedenen Verfassungsorganen dem Nachbarorgan gegenüber repräsentiert[162]. Dennoch können diese Amtsträger dem öffentlichen Dienst zugerechnet werden. Dies macht ein Hinweis auf vergleichbare Rechtspositionen im privaten Recht deutlich.

Die Stellung der Minister ist dienstrechtlich in gewisser Weise mit der Stellung der Vorstandsmitglieder einer Aktiengesellschaft des Privatrechts vergleichbar. Der Vorstand einer Aktiengesellschaft ist als ihr Organ ihr gesetzlicher Vertreter; im Innenverhältnis ist er aber der Gesellschaft gegenüber Dienstverpflichteter[163]. Er führt als Organ der Gesellschaft deren Geschäfte selbständig und unter eigener Verantwortung[164]. Er ist kein Arbeitnehmer im Sinne des Arbeitsrechts. Sein Anstellungsvertrag fällt in die Kategorie der Dienstverträge des bürgerlichen Rechts[165]. Dieser Dienstvertrag bleibt bestehen, selbst wenn das Organverhältnis gelöst wird[166].

In solch einem besonderen „Dienstverhältnis", allerdings öffentlichrechtlicher Art, stehen die Minister. Sie sind zwar nicht wie die öffentlichen Dienstnehmer in die Organisation eines öffentlichen Dienstherrn eingegliedert, sondern repräsentieren diesen Dienstherrn selbst. Sie stehen aber nicht völlig außerhalb der Organisation des öffentlichen Dienstherrn, sondern als Träger der exekutiven Gewalt an der

---

[159] Bonner Ktr., Art. 64 Anm. II 5; *Maunz-Dürig*, Art. 64 Anm. 4; BVerfGE 1, 1 (31).

[160] Gesetz über die Ruhebezüge des Bundespräsidenten vom 17. Juni 1953 (BGBl. I S. 406) und 24. Juli 1959 (BGBl. I S. 525) sowie Gesetz über die Rechtsverhältnisse der Mitglieder der Bundesregierung (Bundesministergesetz) vom 17. Juni 1953 (BGBl. I S. 407).

[161] *Köttgen*, DÖV 1954, 4.

[162] *Köttgen*, Berufsbeamtentum S. 79.

[163] *Baumbach-Hueck*, § 75 AktG Anm. 3 A.

[164] BGHZ 10, 187; 12, 1.

[165] *Enneccerus-Lehmann*, S. 604 oben; *Hueck-Nipperdey*, S. 120.

[166] *Baumbach-Hueck*, § 75 AktG Anm. 5 A.

Spitze der ihnen unterstellten öffentlichen Dienstnehmer und der von ihnen geleiteten Organisation. Auch ihre Besoldung und Versorgung werden vom Staat übernommen. Aus allen diesen Gründen wird man Bundespräsident und Minister — wenn auch unter Berücksichtigung ihrer Sonderstellung — als zum öffentlichen Dienst im weitesten Sinne gehörig ansehen können.

b) Der *Abgeordnete* ist der andere Grenzfall, bei dem zu prüfen ist, ob er zum öffentlichen Dienst gehört oder nicht. Eine solche Prüfung ist insbesondere deshalb erforderlich, weil vereinzelt dargelegt wird, der Abgeordnete bekleide ein öffentliches Amt[167] und seine Rechtsstellung weise gewisse Ähnlichkeiten mit der eines parlamentarischen Ministers auf[168]. Ein Vergleich der Rechtsstellung des Abgeordneten mit der Stellung des Ministers und schon gar mit der eines öffentlichen Dienstnehmers zeigt jedoch, daß der Abgeordnete nicht als im öffentlichen Dienst stehend angesehen werden kann.

Der Abgeordnete ist *Vertreter* des ganzen Volkes, Art. 38 I 2 GG; der öffentliche Dienstnehmer dagegen ist *Diener* der Gesamtheit[169]. Der Abgeordnete ist an Aufträge und Weisungen nicht gebunden. Der öffentliche Dienstnehmer dagegen ist zumindest der Organisationsgewalt seines Dienstherrn unterworfen, selbst wenn er, wie der Richter in seiner Eigenschaft als Verfassungsorgan oder wie ein Beamter, für den eine bestimmte Unabhängigkeit verfassungsmäßig oder gesetzlich vorgesehen ist[170], auf diesen Gebieten unabhängig und weisungsfrei ist. Der Abgeordnete ist schließlich nur seinem Gewissen unterworfen; der Grundsatz des freien Mandats richtet sich sowohl gegen die Partei, die Fraktion, die Wählerschaft als auch gegen den Staat selbst[171]. Der öffentliche Dienstnehmer und insoweit auch der parlamentarische Minister dagegen sind in die Staatsorganisation eingegliedert; denn der Minister steht an der Spitze des Behördenapparates und außerdem innerhalb der Ordnung des Kabinetts und der politischen Richtlinien des Bundeskanzlers[172]. Der Abgeordnete hat lediglich Anspruch auf eine angemessene, seine Unabhängigkeit sichernde Entschädigung, Art. 48 III GG; der öffentliche Dienstnehmer und der Minister dagegen erhalten Bezüge nach bestimmten Richtsätzen einer Besoldungsordnung.

Alle diese Gegenüberstellungen zeigen, daß die Voraussetzungen des öffentlichen Dienstes nach der gegenwärtigen Verfassungslage bei dem

---

[167] *v. Mangoldt-Klein*, Art. 38 Anm. IV 2; *Giese-Schunck*, Art. 38 Anm. II 1.
[168] Vgl. den Versuch einer statusrechtlichen Gleichbehandlung von Abgeordneten und Ministern durch *Köttgen*, Abgeordnete S. 195 ff.
[169] So noch ausdrücklich Art. 130 WRV.
[170] Siehe Art. 5 III GG für die Hochschullehrer und z. B. § 97 BBG für die Mitglieder des Bundespersonalausschusses.
[171] *v. Mangoldt-Klein*, Art. 38 Anm. IV 4.
[172] *Köttgen*, Abgeordnete S. 213.

Abgeordneten nicht gegeben sind. Die Verfassungswirklichkeit sieht zwar bisweilen anders aus. Es ist z. B. erkennbar, daß bei einer übermäßigen Belastung des Parlaments die Arbeit nur von denjenigen Abgeordneten geschafft werden kann, die in der Lage sind, ihre ganze Kraft der Parlamentsarbeit zu widmen und diese Tätigkeit zu ihrer Lebensgrundlage zu machen[173]. Schon jetzt wird vom Bundestag als dem sogen. Berufspolitikerparlament gesprochen[174]. Auch die Eingliederung des Abgeordneten in die Staatsorganisation rückt um so näher, je weniger der Abgeordnete im Zuge der Entwicklung von der liberalrepräsentativen zur parteienstaatlichen Demokratie sich von Einflußnahme und Bindungen freihalten kann und z. B. seine Aufwandsentschädigung nicht mehr zur Sicherung seiner Unabhängigkeit, sondern als Entgelt für die dem Parlament geleisteten Dienste erhält[175] oder sogar nach seinem Ausscheiden aus dem Parlament versorgt wird[176]. Dann wären die hier für den öffentlichen Dienst aufgestellten Voraussetzungen auch in der Person des Abgeordneten erfüllt.

Bisher entspricht eine solche Verfassungswirklichkeit aber nicht dem geltenden Verfassungsrecht. Es beruht noch auf dem Gegensatz von Amt und Mandat, wie sich insbesondere in der Inkompatibilitätsbestimmung des Art. 137 GG zeigt. Danach steht der Abgeordnete nicht im öffentlichen Dienst.

## V. Zusammenfassung und Ergebnis

### 1. Die Begriffsbestimmung

Als Ergebnis der Untersuchung über die wesentlichen Merkmale des Begriffs des öffentlichen Dienstes wird folgende Definition vorgeschlagen:

Öffentlicher Dienst ist dasjenige berufliche Rechtsverhältnis, in dem jemand einer juristischen Person des öffentlichen Rechts unter Eingliederung in ihre Organisation zur ständigen Leistung von Diensten verpflichtet ist.

Demgemäß ist Angehöriger des öffentlichen Dienstes derjenige, der in einem derartigen Rechtsverhältnis zu einem öffentlichen Dienstherrn steht.

Mit diesen beiden Definitionen sind allerdings der Begriff des öffentlichen Dienstes und der seiner Angehörigen im weitesten Sinne umschrieben worden. Sie umfassen sowohl den weltlichen als auch den kirchlichen öffentlichen Dienst. Wollte man den kirchlichen Dienst

---

[173] Siehe *Eschenburg*, S. 68 ff.
[174] *v. Mangoldt-Klein*, Art. 48 Anm. IV 6; früher sprach auch schon *Anschütz*, Art. 21 Anm. 2, von der Ausübung des parlamentarischen Berufs.
[175] BVerfGE 4, 144 (150/151).
[176] *v. Mangoldt-Klein*, Art. 48 Anm. IV 6 mit weiteren Literaturhinweisen.

nicht dazu rechnen, müßte man die Kirchen und die öffentlichrechtlichen Religionsgesellschaften ausdrücklich ausschließen, da auch sie
zu den juristischen Personen des öffentlichen Rechts zählen.

Ferner sind hier zunächst zu den Angehörigen des öffentlichen
Dienstes alle öffentlichen Dienstnehmer sowie auch diejenigen im
öffentlichen Dienst stehenden Personen gerechnet worden, die zum
Staat lediglich in einem Amtsverhältnis stehen. Dieser umfassende
Ausdruck erschien für die Abgrenzung der Begriffe am zweckmäßig-
sten. Es wird allerdings nicht verkannt, daß mit der fortschreitenden
Entwicklung des Begriffs des öffentlichen Dienstes sich der Sprachgebrauch herausgebildet hat, nur die Beamten, Angestellten und
Arbeiter des öffentlichen Dienstes zusammenfassend als „Angehörige
des öffentlichen Dienstes" zu bezeichnen. Dieser Sprachgebrauch kann
trotz der hier vorgenommenen weiten Auslegung der Begriffe bei-
behalten werden, weil er sich eingebürgert hat. Dabei könnte daran
gedacht werden, auch die Richter dazuzunehmen, da sie früher zu den
Beamten rechneten. Mit Rücksicht auf ihre grundgesetzliche Sonderstellung ist jedoch von einer Gleichstellung Abstand genommen
worden.

## 2. Die Begriffsabstufung

Vergleicht man die einzelnen Gruppen der öffentlichen Dienstnehmer, so erkennt man, daß es einzelne Unterscheidungsmerkmale gibt.
So kann man öffentlichrechtliche und privatrechtliche Dienstverhältnisse unterscheiden. Zum anderen kann man diejenigen Personengruppen, die in dem Kernbereich der öffentlichen Verwaltung tätig
sind, von denjenigen Gruppen trennen, die zwar ebenfalls im öffentlichen Dienst stehen, aber keine Verwaltung im eigentlichen Sinne
ausüben. Zu der ersteren Gruppe gehören die Beamten sowie die Angestellten und Arbeiter des öffentlichen Dienstes, zu der letzteren
die Berufsrichter und die Berufssoldaten.

Diese verschiedenen Unterscheidungsmöglichkeiten, die auf der verschiedenartigen Ausgestaltung des jeweiligen Beschäftigungsverhältnisses beruhen, zeigen, daß unter dem Begriff des öffentlichen
Dienstes verschiedene Rechtsverhältnisse zusammengefaßt sind, die
nicht immer gleich behandelt werden können. Der Begriff des öffentlichen Dienstes ist daher kein einheitlicher. Man wird vielmehr zwischen dem Begriff im engeren Sinne und im weiteren Sinne unterscheiden müssen. Aus diesem Grunde wird es bei der Verwendung
des Begriffs notwendig sein zu erläutern, in welchem Sinne er gebraucht ist. Andernfalls muß jedesmal neu festgestellt werden, wie er
gedeutet werden kann oder muß. Erleichtert wird dies allerdings dadurch, wenn man sich darauf einigt, unter dem Begriff der Angehörigen des öffentlichen Dienstes nur Beamte sowie Angestellte und

Arbeiter des öffentlichen Dienstes zu verstehen, wobei nochmals
darauf hingewiesen sei, daß es sich bei den letzteren nur um Angestellte oder Arbeiter einer juristischen Person des öffentlichen Rechts
handeln kann.

Abschließend wird folgende Begriffsabstufung vorgeschlagen[177]:

a) *Öffentlicher Dienst im weitesten Sinne:*
   aa) Der gesamte weltliche öffentliche Dienst sowie der kirchliche
   Dienst;
   bb) das Amt des Bundespräsidenten und der Minister.

b) *Öffentlicher Dienst im weiteren Sinne:*
   Der Dienst als Beamter, Richter, Berufssoldat, Angestellter und
   Arbeiter des öffentlichen Dienstes.

c) *Öffentlicher Dienst im engeren Sinne:*
   Der Dienst als Beamter, Angestellter und Arbeiter des öffentlichen Dienstes.

d) *Öffentlicher Dienst im engsten Sinne:*
   Der Dienst als Beamter.

Der Begriff des öffentlichen Dienstes im weiteren Sinne enthält alle
die Personengruppen, die hier als „öffentliche Dienstnehmer" angesprochen worden sind. Bei dem Begriff im engeren Sinne ist nicht von
der jetzt bisweilen gebräuchlichen Terminologie ausgegangen worden,
die darunter nur die privatrechtlich Beschäftigten eines öffentlichen
Dienstherrn verstehen will[178]. Zu dieser Begriffsstufe sind vielmehr
alle die Personengruppen gerechnet worden, die heute im Sprachgebrauch als „Angehörige des öffentlichen Dienstes" zusammengefaßt
werden. Der Begriff des öffentlichen Dienstes im engsten Sinne soll
den Kernbereich des öffentlichen Dienstes bezeichnen und ist daher
dem Dienst des Beamten vorbehalten worden.

---

[177] Siehe auch die schematische Darstellung auf der nächsten Seite.
[178] *Wacke*, Neues Beamtentum S. 163; *Grewe*, S. D 29; *Fischbach*, § 2 BBG
Anm. III 2.

5 Pfennig

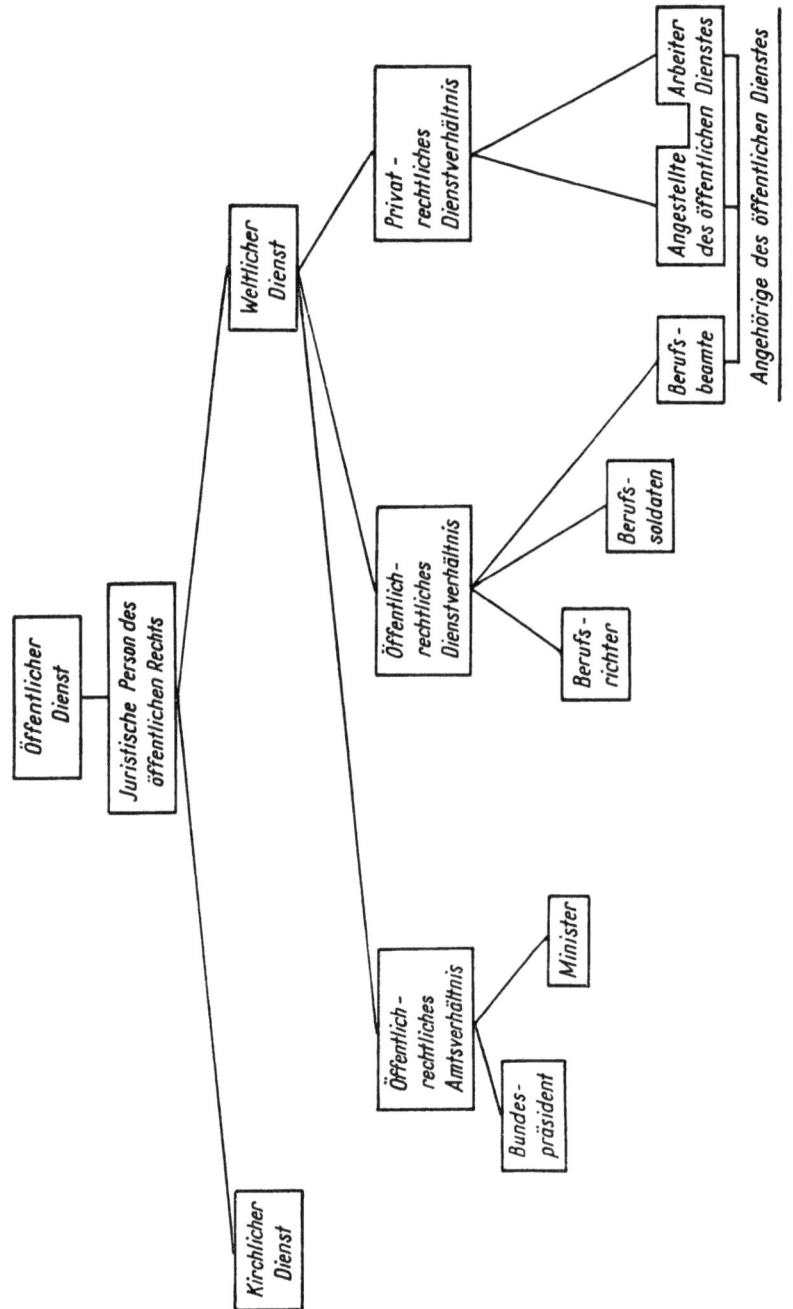

Teil C

## Der Begriff des öffentlichen Dienstes im Grundgesetz

Es soll nunmehr untersucht werden, wie von dem hier entwickelten Begriff des öffentlichen Dienstes innerhalb des Grundgesetzes Gebrauch gemacht wird. Dieser Begriff erscheint an mehreren Stellen des Grundgesetzes in den verschiedensten Zusammenhängen. Außerdem gehen mehrere Artikel auf einzelne Gruppen von Angehörigen des öffentlichen Dienstes ein, ohne den Begriff ausdrücklich zu verwenden. Auch auf diese Bestimmungen soll die Untersuchung ausgedehnt werden, da sie verschiedentlich ebenfalls zur Deutung des Begriffs herangezogen worden sind[1].

### I. Hinweise auf den öffentlichen Dienst

Hinweise auf den öffentlichen Dienst sind in folgenden Artikeln vorhanden:

1. Für die Deutung des Begriffs des öffentlichen Dienstes ist *Art. 34* insofern bedeutsam, als er zeigt und dies jetzt auch durch Ersetzung des Wortes „Beamter" in der Parallelvorschrift des Art. 131 WRV durch das Wort „jemand" verdeutlicht hat, daß er nicht nur Beamte im staatsrechtlichen Sinne, sondern alle Angehörigen des öffentlichen Dienstes meint, sofern sie in Ausübung eines ihnen anvertrauten öffentlichen Amtes die einem Dritten gegenüber obliegende Amtspflicht verletzen. Mithin werden in einem solchen Falle auch die in einem privatrechtlichen Dienstverhältnis stehenden Angestellten und Arbeiter des öffentlichen Dienstes erfaßt. Dies läßt erkennen, welche erhebliche dienstrechtliche Bedeutung die Amtshaftung hat; denn sie bewirkt nicht nur, daß der Staat oder die Körperschaft, in deren Dienst der Schädiger steht, für den einem Dritten zugefügten Schaden mit einsteht, sondern auch, daß der öffentliche Dienstherr seinen Dienstnehmer vor der Inanspruchnahme durch den Geschädigten schützt. Die Amtshaftung ist daher rechtspolitisch vorwiegend Dienstherrenhaftung[2].

Die Amtshaftung ist aber nicht nur Dienstherrenhaftung, trotz der Formulierung des Art. 34 Satz 1 „... oder Körperschaft, in deren

---

[1] So vor allem von *Wacke* — vgl. Grundlagen S. 15 ff.
[2] *Bettermann,* Grundrechte S. 831.

Dienst er steht", sondern auch Korporationshaftung[3]; denn Schädiger im Sinne des Art. 34 kann jeder sein, der mit der Ausübung eines öffentlichen Amtes betraut ist[4], und nicht jeder „Amtsträger" ist zugleich Angehöriger des öffentlichen Dienstes. Die Amtshaftung erstreckt sich daher auf alle Inhaber eines öffentlichen Amtes, also auch auf Inhaber von Ehrenämtern[5], auf Notare, auf die sogen. beliehenen Unternehmer und sonstige natürliche oder juristische Privatpersonen, die mit hoheitlichen Aufgaben betraut worden sind[6]. Auch die Minister fallen nach übereinstimmender Auffassung unter Art. 34[7]. Dagegen ist bestritten, ob der Abgeordnete dazugehört oder nicht. Diese Frage kann hier dahingestellt bleiben, da der Abgeordnete auf keinen Fall zum öffentlichen Dienst gehört[8] und somit von Art. 34 lediglich als Träger eines öffentlichen Amtes erfaßt werden könnte. Die Ausübung eines öffentlichen Amtes ist aber nicht gleichbedeutend mit der Zugehörigkeit zum öffentlichen Dienst.

Aus den bereits oben näher dargelegten Umständen[9] kann und soll offen bleiben, ob und inwieweit die Kirchen und sonstigen öffentlich-rechtlichen Religionsgesellschaften von Art. 34 betroffen werden. Hier sei lediglich darauf hingewiesen, daß sich die vom Bundesgerichtshof[10] vertretene Meinung zu festigen scheint, auch die Maßnahmen der Kirche fielen darunter, es sei denn, daß es sich um sogen. kirchliche Interna handele[11].

2. Nach *Art. 36* sind bei den Obersten Bundesbehörden Beamte aus allen Ländern in angemessenem Verhältnis zu verwenden. Bei den übrigen Bundesbehörden sollen die beschäftigten Personen in der Regel aus dem Lande genommen werden, in dem sie tätig sind. Dieser landsmannschaftliche Grundsatz war in Art. 43 HCHE so ausgedrückt: „Im Dienste des Bundes sind Beamte und sonstige Bedienstete...". Damit ersetzte der Entwurf die Dreiteilung des Art. 16 WRV in Beamte, Angestellte und Arbeiter durch eine Zweiteilung, änderte jedoch in der Sache nichts. In der Erörterung des Parlamentarischen Rates[12] über diese Fassung zeigte es sich dann, welche sprachlichen Schwierigkeiten bestanden, um einen treffenden Ausdruck zu finden. Die Vorschläge reichten von „die verwendeten Kräfte" über „Dienstkräfte"

---

[3] *Bettermann*, DÖV 1954, 299; ders. Grundrechte S. 835.
[4] *Forsthoff*, S. 280 ff.
[5] *v. Mangoldt-Klein*, Art. 34 Anm. III 1 d.
[6] *Bettermann*, wie zu [2].
[7] *v. Mangoldt-Klein*, Art. 34 Anm. III 1 b; *Bettermann*, Grundrechte S. 835 und S. 839 mit weiteren Zitaten.
[8] Siehe oben S. 63.
[9] Siehe oben S. 48.
[10] BGHZ 22, 383.
[11] Ebenso *Bettermann*, Grundrechte S. 840; *Hesse*, S. 87.
[12] JöR NF 1 S. 332.

bis „Personen". Bei diesem Ausdruck verblieb es dann bezüglich der übrigen Bundesbehörden, weil dazu die Eisenbahn- und die Postverwaltung mit ihrem großen Angestellten- und Arbeiterstamm gehörten. Dabei wurde aber ausdrücklich festgestellt, daß unter „Personen" Beamte, Angestellte und Arbeiter zu verstehen seien. Im übrigen handelt es sich nur um Beschäftigungen bei öffentlichen Dienstherren.

3. Durch *Art. 85 II* wird der Bundesregierung das Recht eingeräumt, die einheitliche Ausbildung der Beamten und Angestellten bei den im Auftrage des Bundes tätig werdenden Landesbehörden zu regeln. Diese Vorschrift enthält zwar keine Hinweise für die Begriffsbestimmung des öffentlichen Dienstes. Immerhin läßt sie erkennen, daß der Grundgesetzgeber mit einem erheblichen Anteil von Angestellten in der Bundesauftragsverwaltung gerechnet hat.

4. Auch die Vorschrift des *Art. 130 II*, daß oberster Disziplinarvorgesetzter aller Angehörigen der vom Bund übernommenen Verwaltungsorgane und sonstigen der öffentlichen Verwaltung oder Rechtspflege dienenden Einrichtungen (insbesondere der zonalen und bizonalen Dienststellen) der zuständige Bundesminister sei, bezieht sich trotz des an sich dem Beamtenrecht vorbehaltenen Ausdrucks „Disziplinarvorgesetzter" auch auf Angestellte und Arbeiter; denn bei Schaffung dieser Vorschrift war bekannt, daß in den zu übernehmenden Dienststellen viele Angestellte und Arbeiter beschäftigt wurden. Außerdem ist das Wort „Disziplinar . . ." im Tarifrecht der Angestellten und Arbeiter des öffentlichen Dienstes keineswegs unbekannt, wie sich zum Beispiel aus der „Betriebsvereinbarung über die Dienst- und Disziplinarordnung für die Angestellten und Arbeiter des Landes und der Stadt Berlin" oder aus der Einrichtung einer „Disziplinarkommission" für die Entscheidung über die Kündigung von Arbeitern im Lande Hessen ergibt[13].

Mithin kann man aus der Verwendung des Wortes „Angehörige" an dieser Stelle darauf schließen, daß es auch an anderer Stelle sowohl die Gruppe der Beamten als auch die der Angestellten und Arbeiter meint. Im übrigen handelt es sich auch hier nur um Dienstnehmer von juristischen Personen des öffentlichen Rechts[14].

## II. Die Verwendung des Begriffs

Der Begriff des öffentlichen Dienstes und der seiner Angehörigen erscheinen im Grundgesetz an folgenden Stellen:

1. Die grundlegende Vorschrift ist *Art. 33*. Er verwendet den Begriff mehrfach.

---

[13] *Ambrosius*, Tarifrecht der Arbeiter S. 369.
[14] *Dietz*, Abgrenzung S. 135.

a) In Art. 33 III heißt es, daß der Genuß bürgerlicher und staats-
bürgerlicher Rechte, die Zulassung zu öffentlichen Ämtern sowie die
im öffentlichen Dienst erworbenen Rechte vom religiösen Bekenntnis
unabhängig sind. Damit ist das bereits in Art. 140 GG i. V. m. Art. 136
WRV enthaltene Prinzip konfessioneller Neutralität und Parität noch
verstärkt worden. So war und ist nach Art. 136 II WRV die Zulassung
zu öffentlichen Ämtern unabhängig vom religiösen Bekenntnis. Jetzt
sind durch Art. 33 III GG auch die im öffentlichen Dienst erworbenen
Rechte davon unabhängig gemacht. Damit ist die Rechtsstellung der
öffentlichen Dienstnehmer auch in dieser Richtung verstärkt[15]. Dabei
bleibt freilich unklar, was das Grundgesetz im einzelnen unter
„öffentlichem Dienst" versteht[16].

Die Entstehungsgeschichte gibt keinen Anhaltspunkt; sie läßt lediglich erkennen, daß der Allgemeine Redaktionsausschuß (ARA) des
Parlamentarischen Rates in Art. 33 den Absatz III in seiner jetzigen
Fassung einfügte, nachdem die Militärgouverneure am 2. März 1949
noch einmal darauf hingewiesen hatten, daß der öffentliche Dienst
unpolitisch sein müsse[17]. Aus der Verbindung des Begriffs des öffentlichen Dienstes mit dem Begriff der „erworbenen Rechte", bei der
man an die „wohlerworbenen" Beamtenrechte des Art. 129 I WRV er-
innert wird, könnte man schließen, daß nur an den Beamtendienst gedacht sei. Aus dem Zusammenhang mit den voraufgegangenen Absätzen und dem Sinn dieses Artikels wird man jedoch folgern müssen,
daß hier der öffentliche Dienst im weiteren Sinne gemeint ist.

Die Absätze I bis III dieses Artikels sind Anwendungsfälle des
allgemeinen Gleichheitsgrundsatzes des Artikels 3. Sie behandeln die
Rechte aller auf Teilnahme und Mitwirkung am gesamten öffentlichen
Leben[18]. So soll jeder Deutsche nach Absatz I in jedem Lande die
gleichen staatsbürgerlichen Rechte und Pflichten, nach Absatz II
gleichen Zugang zu jedem öffentlichen Amt haben. Bei diesem erkenn-
baren Streben nach Erfassung aller Möglichkeiten ist aber nicht ein-
zusehen, warum dann unter dem Begriff des öffentlichen Dienstes im
Absatz III nur eine Gruppe von Amtsträgern, nämlich die Beamten,
verstanden werden sollte und nicht auch alle übrigen unter diesen
Begriff fallenden Träger eines Amtes[19]. Das Konfessionalisierungsver-

---

[15] *Holtkotten* in Bonner Ktr., Art. 140 Anm. II 5.
[16] *Grewe*, Treuepflicht S. 49/50, hält den ganzen Absatz für eine leer-
laufende Verfassungsbestimmung, weil es sich um eine Wiederholung dessen
handele, was der Verfassungsgesetzgeber bereits in Art. 3 Abs. 3 und Art. 140
gesagt habe.
[17] JöR NF 1 S. 314.
[18] *Jeß* in Bonner Ktr., Art. 33 Anm. II 1.
[19] Das kann um so eher angenommen werden, als das Bundesverfassungsgericht schon den Absatz II auf den gesamten öffentlichen Dienst bezieht
(BVerfGE 7, 377 (398)).

bot muß seinem Wesen nach gleichermaßen die Arbeiter und Angestellten, die Richter und Soldaten wie die Beamten erfassen. Umge-
kehrt ergreift es eben diese seinem Wesen nach nicht im kirchlichen
Dienst, da dort gerade die Zugehörigkeit zu einem bestimmten religiösen Bekenntnis wesensnotwendig ist[20], wovon allenfalls bei einzelnen Gruppen von Arbeitern und Angestellten mit mechanischen Ver-
richtungen abgegangen werden kann.

b) Art. 33 IV lautet:

„Die Ausübung hoheitsrechtlicher Befugnisse ist als ständige Aufgabe in der Regel Angehörigen des öffentlichen Dienstes zu übertragen, die in einem öffentlichrechtlichen Dienst- und Treueverhältnis stehen."

Dieser Absatz bildete in den ersten Entwürfen zusammen mit dem
jetzigen Absatz V den sogenannten Beamtenartikel[21]. Dieser damalige
Art. 27 b hatte folgenden Wortlaut[22]:

„(1) Die dauernde Ausübung hoheitlicher Aufgaben ist in der
Regel Berufsbeamten zu übertragen, die in einem öffentlichrechtlichen Treueverhältnis stehen.

(2) Den hergebrachten Grundsätzen über die Rechtsstellung der
Berufsbeamten ist Rechnung zu tragen."

Der Allgemeine Redaktionsausschuß des Parlamentarischen Rates
änderte dann den Begriff „öffentlichrechtliches Treueverhältnis" in
dem neugebildeten Absatz IV des Artikels 33 in die Worte „öffentlichrechtliches Dienst- und Treueverhältnis". Dazu fühlte sich der Ausschuß nicht etwa darum bewogen, um nunmehr auch die Angestellten
des Staates einzubeziehen[23], sondern um gerade die Unterschiede zu
diesem Personenkreis abzugrenzen, weil in einem Treueverhältnis
zum Staate nicht nur der Beamte, sondern auch der Angestellte des
Staates, ja sogar jeder Staatsbürger stehe[24]. Erst in seinem Vorschlag
vom 25. Januar 1949 hat der Ausschuß das Wort „Berufsbeamte" durch
den Begriff der Angehörigen des öffentlichen Dienstes ersetzt. Auch
dazu hat ihn nicht etwa die Absicht bewogen, die Angestellten und
Arbeiter des öffentlichen Dienstes auch in diese Bestimmung einzubeziehen. Vielmehr hat er diese Fassung allein deshalb gewählt, um
den Pleonasmus zu vermeiden, der in dem Passus „Berufsbeamte, die
in einem öffentlichrechtlichen Dienst- und Treueverhältnis stehen"
liegt[25].

---

[20] *Kalisch*, S. 50.
[21] *Jeß* in Bonner Ktr., Art. 33 Anm. I.
[22] JöR NF 1 S. 322.
[23] *Wackes* Darstellung in Grundlagen S. 28/29 über die Gründe des Aus-
schusses für seine Änderung läßt fast einen solchen Schluß zu.
[24] JöR NF 1 S. 322.
[25] Vgl. die Anmerkung zu diesem Vorschlag in der Drucks. Nr. 381 vom
15. Dezember 1948 (JöR NF 1 S. 323).

Aus dieser Fassung des Artikels ergibt sich, daß der Grundgesetzgeber unterscheiden wollte zwischen

1. Angehörigen des öffentlichen Dienstes, die in einem öffentlichrechtlichen Dienst- und Treueverhältnis stehen, und den
2. anderen Angehörigen des öffentlichen Dienstes.

Zu den in einem öffentlichrechtlichen Dienst- und Treueverhältnis stehenden Angehörigen des öffentlichen Dienstes zählen in erster Linie die Beamten. Man wird aber auch die Richter und die Berufssoldaten hierzu rechnen müssen, da auch sie hoheitliche Befugnisse ausüben. Dagegen kann man nicht die Angehörigen des kirchlichen Dienstes einbeziehen, da sie keine staatlichen Befugnisse besitzen[26].

c) Nach Art. 33 V ist das Recht des öffentlichen Dienstes unter Berücksichtigung der hergebrachten Grundsätze des Berufsbeamtentums zu regeln. Nach seiner ursprünglichen Fassung war dieser Absatz zusammen mit Absatz IV dem Berufsbeamtentum gewidmet. Erst im Laufe der Beratungen hat er seine jetzige Fassung erhalten. Dadurch ist streitig geworden, ob hier der Begriff des öffentlichen Dienstes nur die Beamten oder auch die Angestellten und Arbeiter des öffentlichen Dienstes meint.

Die letztere Auffassung vertritt vor allem Wacke[27]. Er beruft sich dazu in erster Linie auf den Wortlaut der Bestimmung. Er meint, daß sich die Anfangsworte dieses Absatzes „Das Recht des öffentlichen Dienstes" nur auf das gesamte öffentliche Dienstrecht, also auch auf das Dienstrecht der Angestellten und Arbeiter erstrecken könne. Gerade mit Rücksicht auf den umfassenden Begriff der „Angehörigen des öffentlichen Dienstes" im vorangehenden Absatz IV könne nicht angenommen werden, daß die bald aufeinanderfolgenden Worte „des öffentlichen Dienstes" in den Absätzen IV und V dieses Artikels jeweils einen verschiedenen Sinn haben sollten[28].

Wacke beruft sich des weiteren auf die Entstehungsgeschichte. Diese läßt in der Tat durch eine Anmerkung des Allgemeinen Redaktionsausschusses zu einem Vorschlag vom 25. Janar 1949 vermuten, daß im Abs. V auch an die im öffentlichen Dienst stehenden Angestellten und Arbeiter gedacht sei. Dieser Redaktionsausschuß hatte für Absatz V folgende Fassung gewählt:

„Das Recht des öffentlichen Dienstes ist unter Berücksichtigung der überlieferten Grundsätze zu regeln."

Er führt dazu aus, daß sich auf dem Gebiet des Rechts der im öffentlichen Dienst stehenden Angestellten Grundsätze gebildet hätten, die ebenfalls bei der Neuregelung des öffentlichen Dienstes Beachtung

---

[26] *Hesse*, S. 86.
[27] Grundlagen S. 13 ff.; ders. AöR 76, 385 ff.; ders. Neues Beamtentum S. 152 ff.
[28] Grundlagen S. 28.

verdienten[29]. Diese Fassung des Allgemeinen Redaktionsausschusses hatte sich jedoch nicht durchgesetzt, so daß der Ausschuß eine neue Formulierung ausarbeitete, die der jetzigen Fassung entspricht[30]. Für die neue Fassung gab der Ausschuß keine Begründung. Es bleibt also unklar, was ihn zu seiner Änderung bewog.

Aus dieser Entstehungsgeschichte werden entgegengesetzte Folgerungen gezogen. Grewe[31] meint — allerdings ohne nähere Begründung —, daß die ursprünglich klare Absicht des Artikels 33 V durch die geänderte Formulierung zwar undeutlich geworden, aber sachlich nicht verändert sei. Er schließt sich daher in vollem Umfange Wackes Auslegung an. Gerber[32] kommt zu der Ansicht, daß der Begriff des öffentlichen Dienstes in beiden Absätzen sowohl die öffentlichrechtliche als auch die privatrechtliche Gestaltung umfasse. Schließlich glauben auch Giese[33] und Koellreuter[34] im Anschluß an Wacke, daß der in Art. 33 V verwendete Begriff des öffentlichen Dienstes sich nicht nur auf die Beamten, sondern auch auf Angestellte und Arbeiter beziehe.

Nach anderer Auffassung kann der Begriff des öffentlichen Dienstes in Art. 33 V sich nur auf Beamte beziehen. Fischbach[35] folgert dies aus der Verbindung dieses Begriffs mit den „hergebrachten Grundsätzen des Berufsbeamtentums". Er meint, daß es den Sinn des Art. 33 V entstellen und den Beamtenbegriff aushöhlen würde, wenn man auch das Dienstrecht der Angestellten und Arbeiter bei einem öffentlichen Dienstherrn nach den Grundsätzen des Beamtenrechts ausrichten wollte. Andere Schriftsteller[36] argumentieren damit, daß die Absätze IV und V zusammengehörten und daher Absatz V sich nur auf die in Absatz IV herausgestellten Beamten beziehen könne. Insbesondere die Kommentatoren des Grundgesetzes[37] berufen sich für ihre Meinung auf die Entstehungsgeschichte. Sie ist jedoch unergiebig, wie oben gezeigt ist. Darum kann auch die Entscheidung des Bundesverfassungsgerichts[38], das unter Berufung auf v. Mangoldt dieselbe Auffassung vertritt, nicht überzeugen.

Der ganze Streit scheint insbesondere deshalb entbrannt zu sein, weil aus der Fassung „... ist unter Berücksichtigung der hergebrachten

---

[29] Vgl. JöR NF 1 S. 323/324.
[30] *Wacke*, Neues Beamtentum S. 158 Ziff. 12 und 13.
[31] Auf dem 39. Juristentag S. D 11.
[32] DVBl 1951, 494.
[33] VerwR S. 63.
[34] VerwR S. 105.
[35] Auf dem 39. Juristentag S. D 34 sowie DÖV 1951, 453, auch DVBl 1951, 524.
[36] *v. Turegg*, S. 327; *Clemens*, ZBR 1956, 65; W. *Weber*, Berufsbeamtentum S. 6.
[37] *Jeß* in Bonner Ktr., Art. 33 Anm. II 5; *v. Mangoldt*, Art. 33 Anm. 7.
[38] BVerfGE 3, 162 (186).

Grundsätze des Berufsbeamtentums zu regeln" teilweise gefolgert
wird, daß nunmehr auch das Dienstrecht der Angestellten und Arbeiter des öffentlichen Dienstes sich an dem überlieferten Bild des Be-
amtentums ausrichten müsse[39]. Das jedoch lag schwerlich in der Absicht des Verfassungsgesetzgebers. Seine Absicht ging vielmehr dahin,
das Aufgabengebiet und die Rechtsstellung der Beamten insoweit in-
stitutionell zu gewährleisten, wie sie sich in den Rahmen unseres heutigen Staatslebens einfügen lassen[40]. Das in der damaligen Zeit ge-
fährdete Berufsbeamtentum sollte in seinen hergebrachten Grundsätzen verfassungsrechtlich geschützt werden[41].

Dies schließt allerdings eine Neuordnung des gesamten öffentlichen
Dienstes nicht aus. Bei dieser Neuordnung muß aber Raum für das
Berufsbeamtentum unter Berücksichtigung seiner hergebrachten
Grundsätze bleiben. Diese Neuordnung des öffentlichen Dienstes kann
also neben den Rechtsverhältnissen der Beamten und der Richter[42]
auch die der Berufssoldaten[43] erfassen. Sie kann aber auch die Rechtsverhältnisse der Angestellten und Arbeiter des öffentlichen Dienstes
regeln. Eine solche Regelung braucht nicht unbedingt durch Gesetz zu
erfolgen, wie dies noch § 9 vorl. BPersG vorgesehen hatte, der inzwi-
schen durch § 199 BBG aufgehoben ist. Die Rechtsverhältnisse der Angestellten und Arbeiter des öffentlichen Dienstes können vielmehr
auch durch Tarifvertrag neu geregelt werden, wie dies § 191 BBG vor-
sieht und bereits durch Abschluß eines Bundesmanteltarifvertrages
für Arbeiter gemeindlicher Verwaltungen und Betriebe unter dem
22. Mai 1952[44] sowie eines Manteltarifvertrages für Arbeiter der Länder vom 14. Januar 1959 und eines solchen für Arbeiter des Bundes
vom 25. Mai 1960[45] geschehen ist[46].

Öffentlicher Dienst im Sinne dieses Artikels kann im übrigen nur
der Dienst beim Bund, bei den Ländern, Gemeinden und anderen
Körperschaften, Anstalten und Stiftungen des öffentlichen Rechts
sein[47]. Dies ergibt sich einmal daraus, daß er sich stets auch auf
Beamte bezieht, die es nur bei juristischen Personen des öffentlichen
Rechts geben kann. Zum anderen zeigt dies ein Vergleich mit den
nachstehend behandelten Artikeln 73 Ziffer 8 und 75 Ziffer 1 GG.

---

[39] So vor allem *Wacke*, Grundlagen S. 29/30; *Grewe* a.a.O.
[40] BVerfGE 3, 58 (137).
[41] BGHZ 9, 322 (326).
[42] *Plog-Wiedow*, § 189 BBG Anm. 3.
[43] So auch *Gerth*, DÖD 1955, 21.
[44] Abgedruckt bei *Ambrosius*, Tarifrecht der Arbeiter S. 44 ff.
[45] GMBl. S. 265.
[46] Ein Bundesangestellten-Tarifvertrag für die Angestellten, die bei Verwaltungen und Betrieben des Bundes, der Länder sowie der Mitglieder der
Vereinigung der kommunalen Arbeitgeberverbände beschäftigt sind, ist in
Vorbereitung.    [47] *Bochalli*, VerwR II S. 26.

Ob Art. 33 sich auch auf den kirchlichen Dienst bezieht, muß aus den auf Seite 46 ff. aufgeführten Gründen offen bleiben[48]. Eine Vertiefung dieser Fragen ist im Rahmen dieser Arbeit nicht möglich.

2. Die *Art. 73 Ziffer 8 und 75 Ziffer 1* geben dem Bund das Recht, die Rechtsverhältnisse der im Dienst des Bundes und der bundesunmittelbaren Körperschaften des öffentlichen Rechts stehenden Personen zu regeln sowie über die Rechtsverhältnisse der im öffentlichen Dienst der Länder, Gemeinden und anderer Körperschaften des öffentlichen Rechts stehenden Personen Rahmenvorschriften zu erlassen.

Es sind also ausdrücklich nur juristische Personen des öffentlichen Rechts erwähnt. Es besteht auch keinerlei Anhaltspunkt für die Annahme, daß der Begriff „öffentlicher Dienst" in Art. 75 Ziffer 1 die Art der Tätigkeit oder den Dienst bei juristischen Personen des Privatrechts meinen könnte, die öffentliche Aufgaben erfüllten. Bestünde Anlaß zu einer derartigen Vermutung, dann hätte der Bundesgesetzgeber bei den Eigengesellschaften der Gemeinden, die öffentliche Aufgaben in privatrechtlichen Formen wahrnehmen und daher ja nach Meinung einzelner Schriftsteller zum öffentlichen Dienst gehören sollen, die Betriebsverfassung nicht nach Art. 74 Ziffer 12 bundeseinheitlich durch das BetrVG, sondern lediglich nach Art. 75 Ziffer 1 durch Rahmenbestimmungen regeln dürfen. Die Verfassungsmäßigkeit der Abgrenzung zwischen BetrVG und PersVG ist jedoch nicht zweifelhaft[49]. Unter öffentlichem Dienst im Sinne des Art. 75 Ziffer 1 kann daher nur die Tätigkeit bei juristischen Personen des öffentlichen Rechts verstanden werden[50].

Vereinzelt ist nun noch bei beiden Vorschriften unter Hinweis entweder auf Art. 33 V[51] oder auf die Verwendung des Wortes „Dienst"[52] die Meinung vertreten worden, daß diese Regelungen nur für die Beamten, nicht dagegen für die Angestellten und Arbeiter des öffentlichen Dienstes getroffen werden könnten, zumal da das Deutsche Reich auch nur für die Beamten derartige Regelungen vorgesehen hatte. Diese Meinung übersieht die Wandlung der Begriffe. Aus der Entstehungsgeschichte beider Bestimmungen ergibt sich, daß die Ausschüsse des Parlamentarischen Rates mit den von ihnen gewählten

---

[48] *Hesse*, S. 86, sowie *Kalisch*, S. 30 ff., nehmen allerdings an, daß Art. 33 V GG nicht für den kirchlichen Dienst gelten kann, da dessen Regelung durch den Bund oder die Länder mit dem Selbstbestimmungsrecht der Kirchen, insbesondere mit Art. 137 III 2 WRV i. V. m. Art. 140 GG unvereinbar wäre; siehe aber *v. Mangoldt-Klein*, Art. 33 Anm. VII 1, der die Frage ebenfalls offenläßt.
[49] BVerfGE 7, 120 (127); *Giese-Schunck*, Art. 75 Anm. 3.
[50] *Dietz*, Abgrenzung S. 134.
[51] *Grabendorff*, DVBl 1952, 325.
[52] *Nipperdey*, Mitbestimmungsrecht S. 10 und 12.

Formulierungen auch die Angestellten und Arbeiter erfassen woll-
ten[53]. Demgemäß haben sie den zwar etwas farblosen, aber doch alle
Gruppen des öffentlichen Dienstes im weiteren Sinne umfassenden
Ausdruck „Personen" gewählt. Von diesen beiden Bestimmungen wer-
den daher sowohl die Beamten als auch die Richter, Berufssoldaten,
Angestellten und Arbeiter des öffentlichen Dienstes erfaßt.

Wegen des kirchlichen Dienstes wird auf § 135 BRRG verwiesen, der
bestimmt, daß das Beamtenrechtsrahmengesetz nicht für die öffentlichen Religionsgesellschaften und ihre Verbände gelte. Vielmehr
bleibt es diesen selbst überlassen, die Rechtsverhältnisse ihrer Beamten und Seelsorger entsprechend zu regeln. Ob durch diese Vorschrift der Bund lediglich nur noch einmal bestätigt hat, daß er für
die Regelung dieser Rechtsverhältnisse nicht zuständig sei[54], oder
einen Verzicht auf seine an sich vorhandene Befugnis aussprechen
wollte[55], soll aus den bereits erörterten Gründen nicht weiter untersucht werden.

3. Durch *Art. 131* hat der Bundesgesetzgeber den Auftrag erhalten,
die Rechtsverhältnisse von Personen einschließlich der Flüchtlinge und
Vertriebenen zu regeln, die am 8. Mai 1945 im öffentlichen Dienst
standen, aus anderen als beamten- oder tarifrechtlichen Gründen ausgeschieden und bisher nicht oder nicht ihrer früheren Stellung entsprechend verwendet worden waren. Dies ist durch das Gesetz zur
Regelung der Rechtsverhältnisse der unter Art. 131 GG fallenden Personen (G 131) geschehen. Es ergibt sich die Frage, welchen Kreis von
öffentlichen Dienstnehmern das Grundgesetz erfassen wollte und ob
dieser Kreis im G 131 tatsächlich erfaßt ist.

Zunächst ist festzustellen, daß Art. 131 in den Übergangsvorschriften
des Grundgesetzes steht und an die bis zum 8. Mai 1945 bestehenden
Regelungen anknüpft. Sein Begriff des öffentlichen Dienstes geht
daher von den alten Vorstellungen aus. Daher gehören zu den Personen, die aus anderen als beamtenrechtlichen Gründen ausgeschieden
sein könnten, nicht nur Beamte, sondern auch Richter, die bis 1945
noch unter das Deutsche Beamtengesetz fielen, und auch die Berufssoldaten, deren Rechtsverhältnis fast völlig dem Beamtenverhältnis
angeglichen war. Dagegen werden die Minister nur insoweit berück-

---

[53] JöR NF 1 S. 555 ff.; *Wacke*, JZ 1957, 289.
[54] So *Hesse*, S. 86.
[55] So *Grabendorff*, § 2 BBG Anm. 6.

sichtigt werden können, als ihre Ansprüche auf Beamtenrecht beruhen[56].

Neben den Beamten, an die ursprünglich allein gedacht war[57], sind aber auch die Angestellten und Arbeiter des öffentlichen Dienstes in die Vorschrift des Art. 131 GG einbezogen worden, wie sich aus der Einfügung des Wortes „tarifrechtlich" ergibt. Bei dieser Personengruppe ist streitig, welchen Bereich des öffentlichen Dienstes der Verfassungsgesetzgeber umfassen wollte.

Ambrosius-Löns-Rengier[58] meinen, daß der Begriff hier im gleichen Sinne wie in §§ 10 und 127 DBG sowie in Art. 33 IV GG gebraucht sei. Nach dieser Auffassung befanden sich alle diejenigen Personen im öffentlichen Dienst, die in einem Dienst- oder Arbeitsverhältnis zum Deutschen Reich, einem Land, einer Gemeinde, einem Gemeindeverband oder einer sonstigen öffentlichen Körperschaft, Anstalt oder Stiftung standen[59], dagegen nicht die Angehörigen von Kapitalgesellschaften oder sonstigen privatrechtlichen Unternehmungen der öffentlichen Hand, selbst wenn deren Kapital sich vollständig in der Hand des Reichs oder eines sonstigen öffentlichen Dienstherrn befand[60].

Demgegenüber kommen Fischbach[61], Denecke[62], Kümmel[63] und auch Wacke[64] bei ihren Untersuchungen über das Ausführungsgesetz zum Art. 131 GG mit unterschiedlichen Begründungen zu dem Ergebnis, daß der Begriff des öffentlichen Dienstes nicht nach der Rechtsform des Dienstherrn abgegrenzt werden dürfte.

Das Bundesarbeitsgericht hatte in dem Bestreben, einen möglichst großen Personenkreis in den Genuß der Rechte aus dem G 131 zu bringen, den Grundsatz aufgestellt, daß Art. 131 jeden Arbeitnehmer erfasse, der unter einem vernünftigen Gesichtspunkt zum öffentlichen Dienst gerechnet werden könne. Es hatte aus diesem Grunde, auf die Art der Tätigkeit und den Zweck des Unternehmens abstellend, Arbeitnehmer kommunaler Versorgungsbetriebe des Privatrechts dazu gerechnet, wenn sämtliche Anteile im Besitz der öffentlichen Hand waren[65]. Andererseits hat es aber für die öffentlichrecht-

---

[56] Ebenso *Anders-Jungkunz-Käppner*, § 1 Anm. 2; siehe auch die Entscheidungen in *De Clerk-Winkler*, Band II Nr. 4, 8 und 11 zu § 1 G 131.

[57] JöR NF 1 S. 858.

[58] § 1 G 131 Anm. 8.

[59] Ähnlich *Anders-Jungkunz-Käppner*, § 1 Anm. 3; ebenso *Holtkotten* in Bonner Ktr., Art. 131 Anm. II 1 a.

[60] Ebenso *Gerth*, DVBl 1952, 426.

[61] DÖV 1955, 711.

[62] RdA 1955, 401.

[63] RiA 1954, 64.

[64] *Wacke*, Kreditanstalten S. 28 ff.

[65] BAGE 3, 124; zu diesem Urteil hat *Dietz*, Abgrenzung S. 124 ff. eingehend Stellung genommen und es mit Recht abgelehnt. Das Bundesarbeitsgericht hat daher jetzt selbst seinen früheren Standpunkt aufgegeben (vgl. oben S. 32).

lichen Kreditanstalten entschieden, daß deren Arbeitnehmer schon deshalb unter die Regelung des G 131 fielen, weil sie einem öffentlichen Dienstherrn angehört hätten, und daß der Begriff „tarifrechtlich" in Art. 131 GG nicht bedeute, zum öffentlichen Dienst gehöre nur, wer unter die Regelung des § 1 AOGö falle[66].

Das Bundesverfassungsgericht[67] meint, nach Sinn und Entstehungsgeschichte des Art. 131 sollte denjenigen Personen eine besondere staatliche Fürsorge zuteil werden, die im Dienst des öffentlichen Gemeinwesens gestanden hätten, nicht jedoch denen, die bei privatrechtlichen Arbeitgebern tätig gewesen seien. Das Grundgesetz wollte nach Ansicht des Bundesverfassungsgerichts durch Art. 131 den Staat nicht verpflichten, besondere Fürsorgepflichten anstelle privatrechtlicher Arbeitgeber zu übernehmen oder deren Pflichten gegenüber ihren Bediensteten in Abweichung vom allgemeinen Recht neu zu regeln, selbst dann nicht, wenn die privatrechtlichen Arbeitgeber im öffentlichen Interesse tätig waren.

Dieser Auffassung, die den Begriff des öffentlichen Dienstes im Art. 131 GG nach der Rechtsform des Dienstherrn abgrenzt, ist zuzustimmen[68]. Sie deckt sich mit der hier vorgeschlagenen Begriffsbestimmung, wonach öffentlicher Dienst nur bei einer juristischen Person des öffentlichen Rechts geleistet werden kann. Nur eine solche Abgrenzung ist für Art. 131 sinnvoll, weil sie dem Staat eine übermäßige Versorgung fernhält, die ihm aufzubürden nicht die Absicht des Verfassungsgebers war[69].

Schließlich kann für die Regelung nach Art. 131 auch nicht entscheidend sein, ob die Angestellten und Arbeiter des öffentlichen Dienstes unter die ATO, TO A oder TO B fallen; denn die Geltung dieser Tarifordnungen ist kein wesentliches Merkmal für den Begriff des öffentlichen Dienstes[70]. Aus dem Wort „tarifrechtlich" in Art. 131 GG allein kann nicht gefolgert werden, daß es sich nur um Arbeitnehmer handeln dürfe, für deren Dienstverhältnisse das aus dem AOGö entwickelte Tarifrecht gegolten habe; denn durch die Einfügung dieses Wortes sollte lediglich ganz allgemein gegenüber dem Ausdruck „beamtenrechtlich" klargestellt werden, daß die in Aussicht genommene Regelung sich auch auf Angestellte und Arbeiter beziehen müsse[71].

---

[66] BAGE 5, 264.
[67] BVerfGE 6, 257 (267); *Giese-Schunck*, Art. 131 Anm. 2.
[68] Ebenso jetzt *Dietz*, Abgrenzung S. 148.
[69] Siehe die unter Anm. 67 zitierte Entscheidung des BVerfG.
[70] Siehe oben S. 37 ff.
[71] *Ambrosius-Löns-Rengier*, § 1 G 131 Anm. 7; BAGE 5, 264.

Unerörtert soll auch hier bleiben, ob der kirchliche Dienst unter den Begriff des öffentlichen Dienstes in diesem Artikel fällt. Im allgemeinen wird dies nicht angenommen[72/73].

4. In *Artikel 132 II* erscheint noch einmal der in Art. 33 verwendete Begriff des „Angehörigen des öffentlichen Dienstes". Auch hier ergibt sich ganz deutlich, daß das Grundgesetz darunter mehr als nur die Beamten verstanden wissen wollte; denn unter diesen Begriff fallen zumindest diejenigen Gruppen von Dienstnehmern, die in Absatz I dieses Artikels besonders aufgeführt sind; das sind Beamte, Richter sowie Angestellte, die in einem unkündbaren Dienstverhältnis stehen. Diese Angehörigen des öffentlichen Dienstes sollten von den in Abs. I vorgesehenen Maßnahmen wegen Ungeeignetheit unter bestimmten Voraussetzungen ausgenommen sein. Auch hier dürfte der Verfassungsgesetzgeber bei Verwendung des Begriffs des öffentlichen Dienstes nur an den Dienst beim Staat oder bei den (sonstigen) juristischen Personen des öffentlichen Rechts gedacht haben. Dies ergibt sich aus der Aneinanderreihung von Beamten, Richtern und unkündbaren Angestellten[74]. Demgemäß hat die Bundesregierung ihre Verordnung über Maßnahmen gegen dienstlich ungeeignete Beamte und Angestellte vom 17. Februar 1950[75] auf diesen Kreis juristischer Personen beschränkt[76].

5. Nach *Art. 137 I* kann die Wählbarkeit von Beamten, Angestellten des öffentlichen Dienstes, Berufssoldaten, freiwilligen Soldaten auf Zeit und Richtern im Bund, in den Ländern und den Gemeinden gesetzlich beschränkt werden. Diese Inkompatibilitätsbestimmung will die gleichzeitige Wahrnehmung einer Funktion im öffentlichen Dienst und die Ausübung eines politischen Mandats in bestimmten Fällen beschränken.

Diese Vorschrift zählt bestimmte Personengruppen des öffentlichen Dienstes auf, bei denen die Wählbarkeit beschränkt werden kann, überläßt es aber dem jeweiligen Gesetzgeber, im einzelnen zu bestimmen, welche Gruppen darunter fallen sollen. Aus diesem Grunde kann es zu unterschiedlichen Regelungen kommen. So nimmt z. B. das Gesetz über die Rechtsstellung der in den Deutschen Bundestag

---

[72] *Holtkotten* in Bonner Ktr., Art. 131 Anm. II A 1 b; *Ambrosius-Löns-Rengier*, § 1 G 131 Anm. 8; *Anders-Jungkunz-Käppner*, § 1 Anm. 3; *Bachof*, DRZ 1949, 553; KG und VGH Stuttgart in DÖV 1953, 514; BGHZ 18, 373 (375); BVerwGE 9, 179, (182).

[73] Der Bund zahlt den großen christlichen Kirchen auf Grund von Verwaltungsabkommen vom 16. April 1951 und 27. Juni 1958 Zuschüsse für die Versorgung der verdrängten Kirchenbediensteten und als Ersatz für den weggefallenen Staatszuschuß (siehe *Anders-Jungkunz-Käppner*, § 1 Anm. 3 Fußnote 1 e).

[74] *Dietz*, Abgrenzung S. 135.

[75] BGBl. S. 38.

[76] Siehe dazu auch Hildegard *Krüger*, DÖV 1951, 485.

gewählten Angehörigen des öffentlichen Dienstes vom 4. August 1953[77] in § 7 Personen, die ein Ehrenamt bekleiden, von den Beschränkungen aus. Dagegen können gemäß § 22 Nr. 1 VwGO Bundestags- und Landtagsabgeordnete nicht zu ehrenamtlichen Verwaltungsrichtern berufen werden, da offenbar die Vereinigung von Mandat und Ehrenamt in diesem Falle für problematisch und gefährlich angesehen wird[78].

Unklar bleibt, in welchem Umfange die Angestellten des öffentlichen Dienstes in ihrer Wählbarkeit beschränkbar sein sollten. Geht man davon aus, daß die Träger der legislativen Gewalt nicht gleichzeitig Inhaber executiver oder rechtsprechender Gewalt sein sollten, läßt es sich nicht gut vorstellen, daß unter den hier gebrauchten Begriff des Angestellten des öffentlichen Dienstes auch die Angestellten von privatrechtlich organisierten Verkehrs- und Versorgungsbetrieben der öffentlichen Hand fallen sollten, was der Fall wäre, wollte man den Begriff des öffentlichen Dienstes nach der Art der Tätigkeit abgrenzen. Es muß daher davon ausgegangen werden, daß auch in Art. 137 nur die bei öffentlichen Dienstherren Angestellten gemeint sind. Dabei wird keineswegs übersehen, daß dann auch Angestellte darunter fallen, die keine öffentliche Verwaltung im materiellen oder funktionellen Sinne ausüben. Diese Angestellten können jedoch nicht herausgenommen werden, soll die Regelung nicht impraktikabel werden.

Ausgenommen von der Regelung des Art. 137 sind allerdings die Minister[79]. Dies hat seinen Grund in dem parlamentarischen Regierungssystem, in dem die Regierung auf das Vertrauen der Volksvertretung angewiesen ist. Das Zusammenspiel zwischen Regierung und Parlament setzt eine enge Bindung zwischen beiden voraus, die geradezu eine Kompatibilität von Ministeramt und Mandat wünscht und bedingt[80].

Hier wie bereits überall zuvor soll ebenfalls offen bleiben, inwieweit der kirchliche Dienst von diesem Artikel berührt wird. Hesse[81] meint zwar, daß der kirchliche Dienst ausgenommen sei, weil die Gesichtspunkte, wegen derer diese Vorschrift geschaffen worden sei, auf die kirchlichen Amtsträger und Bediensteten nicht zuträfen. Andererseits kann sehr wohl durch Art. 137 beabsichtigt und es auch berechtigt sein, daß die Angehörigen des kirchlichen Dienstes gerade nicht ins Parlament kommen.

---

[77] BGBl. I S. 777.
[78] *Bettermann*, S. 619.
[79] Zu der Frage, ob Länderminister gleichzeitig Bundestagsabgeordnete sein können — siehe *Partsch-Genzer*, AöR 76, 186; auch *Schmitt*, S. 259 ff.
[80] *Schmitt*, S. 254.
[81] a.a.O. S. 86.

### III. Schlußbetrachtung

Vergleicht man abschließend die Verfassungsbestimmungen, die die
Begriffe des öffentlichen Dienstes und seiner Angehörigen verwenden,
erkennt man, daß das Grundgesetz darunter zwar nicht immer dieselben Personengruppen begreift, daß es aber zu den Personen oder
Angehörigen des öffentlichen Dienstes die Beamten, Richter, Angestellten und Arbeiter des öffentlichen Dienstes und auch die Berufssoldaten rechnet. Als öffentlichen Dienst sieht das Grundgesetz den
Dienst beim Bund, bei den Ländern, den Gemeinden oder anderen
Körperschaften, Stiftungen und Anstalten des öffentlichen Rechts,
also nur juristischen Personen des öffentlichen Rechts, an[82]. Damit entspricht der im Grundgesetz verwendete Begriff dem oben gefundenen
Ergebnis der Untersuchungen über den Begriff des öffentlichen
Dienstes und seiner Angehörigen.

---

[82] Ähnlich *Dietz*, Abgrenzung S. 136, ohne jedoch abschließend Stellung
zu nehmen.

6 Pfennig

# Literaturverzeichnis

*Ambrosius:* Das Tarifrecht der Angestellten im öffentlichen Dienst, 8. Aufl., Düsseldorf 1959.
— Das Tarifrecht der Arbeiter im öffentlichen Dienst, 2. Aufl., Düsseldorf 1958.
— Das Besoldungsrecht der Beamten, 6. Aufl., Düsseldorf 1956.
*Ambrosius-Löns-Rengier:* Gesetz zur Regelung der Rechtsverhältnisse der unter Art. 131 des Grundgesetzes fallenden Personen, Tübingen 1952.
*Anders:* Bundesbeamtengesetz, Stuttgart und Köln 1953.
— Gesetz zur Regelung der Wiedergutmachung nationalsozialistischen Unrechts für Angehörige des öffentlichen Dienstes, 2. Aufl., Köln-Berlin 1956.
*Anders-Jungkunz-Käppner:* Gesetz zur Regelung der Rechtsverhältnisse der unter Artikel 131 des Grundgesetzes fallenden Personen, 4. Aufl., Stuttgart und Köln 1959.
*Anschütz:* Die Verfassung des Deutschen Reichs, 14. Aufl. (Nachdruck), Bad Homburg v. d. H. 1960.
*Anz-Faber-Renk-Dietrich:* Das Besoldungsrecht des Bundes, Berlin und Frankfurt a. M. 1958.
*Bachof:* Geltung und Tragweite des Art. 131 des Bonner Grundgesetzes, DRZ 1949, S. 553.
— Teilrechtsfähige Verbände des öffentlichen Rechts, AöR 83, S. 208.
*Baumbach-Hueck:* Aktiengesetz, 10. Aufl., München und Berlin 1959.
*Bettermann:* Rechtsgrund und Rechtsnatur der Staatshaftung, DÖV 1954, S. 299.
— Kommentar zum Mieterschutzgesetz, Tübingen 1957.
— Die Unabhängigkeit der Gerichte und der gesetzliche Richter, in Bettermann-Nipperdey-Scheuner: Die Grundrechte, Dritter Band, 2. Halbband, Berlin 1959.
— Der Schutz der Grundrechte in der ordentlichen Gerichtsbarkeit, in Bettermann-Nipperdey-Scheuner: Die Grundrechte, Dritter Band, 2. Halbband, Berlin 1959 (zit.: Grundrechte).
*Blessin-Wilden-Ehrig:* Bundesentschädigungsgesetze, 2. Aufl., München und Berlin 1957.
*Bochalli:* Bundesbeamtengesetz, 2. Aufl., München und Berlin 1958.
— Besonderes Verwaltungsrecht, 2. Teil, Köln-Berlin 1959.
*Bonner Kommentar:* Kommentar zum Bonner Grundgesetz, Hamburg 1954.
*Brand:* Deutsches Beamtengesetz, 4. Aufl., Berlin 1942.
*Clemens:* Artikel 33 Absatz 5 des Grundgesetzes und die Rechtsverhältnisse der im öfentlichen Dienst tätigen Arbeitnehmer, ZBR 1956, S. 65.
*De Clerk-Winkler:* Das Recht der Beamten, der Angestellten und Arbeiter im öffentlichen Dienst (Entscheidungssammlung), Baden-Baden 1958.
*Denecke:* Zum Begriff und Wesen des öffentlichen Dienstes, RdA 1955, S. 401.
— Arbeitszeitordnung, 4. Aufl., München und Berlin 1958.

— Der Dienstvertrag, in: Das Bürgerliche Gesetzbuch, hrsg. von Reichs-
gerichtsräten und Bundesrichtern, II. Band 1. Teil, 11. Aufl., Berlin 1959.

*Der öffentliche Dienst* in den Vereinigten Staaten von Amerika, Reisebericht, hrsg. von der Deutschen Gesellschaft für Personalwesen e. V.,
Frankfurt a. M. 1950.

*Der öffentliche Dienst* in Großbritannien, Reisebericht, hrsg. von der Deutschen Gesellschaft für Personalwesen e. V., Nürnberg 1952.

*Dietz:* Personalvertretungsgesetz, München und Berlin 1956.

— Zur Abgrenzung des öffentlichen Dienstes — insbesondere im Hinblick auf das Ges. zu Art. 131 GG, in: Festschrift für Alfred Hueck,
München und Berlin 1959.

*v. Doemming-Füßlein-Matz:* Entstehungsgeschichte der Artikel des Grundgesetzes, JöR NF Band 1 1951.

*Enneccerus-Lehmann:* Recht der Schuldverhältnisse, 15. Aufl., Tübingen
1958.

*Eschenburg:* Der Sold des Politikers, Stuttgart-Degerloch 1959.

*Fischbach:* Deutsches Beamtengesetz, 2. Aufl., Berlin 1940.

— Beamtenrecht und öffentliches Dienstrecht, DVBl 1951, S. 524.

— Zur Neugestaltung des Beamtenrechts, DÖV 1951, S. 453.

— Inwieweit läßt Art. 33 Abs. 5 des Grundgesetzes eine Reform des Beamtenrechts zu? (Verhandlungen des 39. Deutschen Juristentages), Tübingen 1952.

— Der Rechtsbegriff des öffentlichen Dienstes unter besonderer Berücksichtigung der Vorschriften des Gesetzes zu Art. 131 GG, DÖV 1955,
S. 709.

— Bundesbeamtengesetz, 2. Aufl., Köln-Berlin 1956.

*Fleiner:* Institutionen des Deutschen Verwaltungsrechts, 3. Aufl., Tübingen
1913 (8. Aufl. 1928).

*Fölsche:* Das Ehrenamt in Preußen und im Reich, Breslau 1911.

*Forsthoff:* Verfassungsrechtliche Prolegomena zu Art. 33 Abs. 5 GG, DÖV
1951, S. 460.

— Lehrbuch des Verwaltungsrechts, Bd. 1, 7. Aufl., München und Berlin
1958.

*Gerber:* Die grundsätzliche Bedeutung der beamtenrechtlichen Regelung
des Bonner Grundgesetzes, DVBl 1951, S. 489.

— „Dienstherr" des Beamten, DÖV 1951, S. 472.

*Gerth:* Die Ansprüche der Angehörigen von „Nichtgebietskörperschaften"
nach dem Bundesgesetz zu Art. 131 des Grundgesetzes, DVBl 1952, S. 426.

— Das Recht des öffentlichen Dienstes, DÖD 1955, S. 21.

*Giese:* Allgemeines Verwaltungsrecht, 3. Aufl., Tübingen 1952.

*Giese-Schunck:* Grundgesetz für die Bundesrepublik Deutschland, 5. Aufl.,
Frankfurt/M. 1960.

*Görg:* Kommunales Dienstrecht, in Peters: Handbuch der Kommunalen
Wissenschaft und Praxis, 2. Band, Berlin-Göttingen-Heidelberg 1957.

*Grabendorff:* Verfassungsrechtliche Prolegomena zum Personalvertretungs-
recht und zur Mitbestimmung im öffentlichen Dienst, DVBl 1952, S. 325.

— Bundesbeamtengesetz, 2. Aufl., München 1958.

*Grabendorff-Windscheid:* Personalvertretungsgesetz, 2. Aufl., Stuttgart 1960.

*Grewe:* Die politischen Treupflichten der Angehörigen des öffentlichen
Dienstes, hrsg. vom Deutschen Bund für Bürgerrechte, Frankfurt/M.-
Süd 1951.

— Inwieweit läßt Art. 33 Abs. 5 des Grundgesetzes eine Reform des Beamtenrechts zu? (Verhandlungen des 39. Deutschen Juristentages), Tübingen 1952.

*Gröbing:* Zum Begriff des öffentlichen Dienstes, AuR 1959, S. 225.

*Grundmann:* Die Rechtsstellung des öffentlichen Dienstes in der Deutschen Demokratischen Republik, Dissertation, Leipzig 1952.

*Hesse:* Der Rechtsschutz durch staatliche Gerichte im kirchlichen Bereich, Göttingen 1956.

*Heyland:* Das Berufsbeamtentum im neuen demokratischen deutschen Staat, Berlin 1949.

*Heyland-Geffers:* Das Recht der Beamten, 2. Aufl., in Giese: Die Verwaltung, Braunschweig 1957.

*Hueck:* Der Treuegedanke im modernen Privatrecht, München 1947.

*Hueck-Nipperdey:* Lehrbuch des Arbeitsrechts, 6. Aufl., Berlin-Frankfurt a. M. 1957.

*Janke:* Öffentlicher Dienst und Privatdienstvertrag, DR 1941, S. 2088.

*Jellinek,* W.: Die Rechtsformen des Staatsdienstes — Begriff und rechtliche Natur des Beamtenverhältnisses, in Anschütz-Thoma: Handbuch des Deutschen Staatsrechts, Zweiter Band, Tübingen 1932 (zit.: Handbuch).

— Verwaltungsrecht, 3. Aufl. (Neudruck), Offenburg 1948.

*Kalisch:* Grund- und Einzelfragen des kirchlichen Dienstrechts, ZevKR 1952/53, S. 24.

*Koellreuter:* Grundfragen des Verwaltungsrechts, Köln-Berlin 1955.

*Köttgen:* Das deutsche Berufsbeamtentum und die parlamentarische Demokratie, Berlin und Leipzig 1928.

— Bundesregierung und Oberste Bundesbehörden, DÖV 1954, S. 4.

— Abgeordnete und Minister als Statusinhaber, in: Gedächtnisschrift für Walter Jellinek, München 1955.

*Korte:* Öffentlicher Dienst, in: Handwörterbuch der Sozialwissenschaften, Stichwort „Dienst", Stuttgart/Tübingen/Göttingen 1959.

*Krüger,* Hildegard: Maßnahmen gegen Beamte mit Minderleistungen, DÖV 1951, S. 485.

*Külz:* Der öffentliche Dienst in der Sowjetzone, Heft 11/12 der Informationen der Deutschen Gesellschaft für Personalwesen e. V., Frankfurt a. M. 1956.

*Kümmel:* Der Begriff des öffentlichen Dienstes im Beamten-, Besoldungs- und Tarifrecht, RiA 1954, S. 64.

— Die Rechtsstellung der Angestellten der öffentlichrechtlichen Kreditanstalten nach dem Bundesgesetz zu Art. 131 GG, RiA 1954, S. 207.

— Die Problematik des kirchlichen Dienstes im Beamten-, Besoldungs- und Tarifrecht des Staates, RiA 1956, S. 275.

*v. Mangoldt:* Das Bonner Grundgesetz, Berlin-Frankfurt a. M. 1953.

*v. Mangoldt-Klein:* Das Bonner Grundgesetz, 2. Aufl., Berlin-Frankfurt a. M. 1957.

*Maunz:* Wirtschaftsrecht, in Giese: Die Verwaltung, Braunschweig 1957.

— Deutsches Staatsrecht, 9. Aufl., München und Berlin 1959.

*Maunz-Dürig:* Grundgesetz, München und Berlin 1959.

*Mayer,* O.: Deutsches Verwaltungsrecht, 2. Aufl., München und Leipzig 1917 (3. Aufl. 1924).

*Molitor:* Arbeitnehmer und Betrieb, Marburg 1929.

*Nadler-Wittland-Ruppert:* Deutsches Beamtengesetz, Berlin 1938.

*Neumann-Duesberg:* Das Bundesbeamtengesetz und das Arbeitsrecht des öffentlichen Dienstes, RdA 1953, S. 361.

*Nikisch:* Arbeitsrecht, I. Band 2. Aufl., Tübingen 1955.

*Nipperdey:* Das Mitbestimmungsrecht im öffentlichen Dienst. Zwei Rechtsgutachten, hrsg. von der Gewerkschaft Öffentliche Dienste, Transport und Verkehr, Stuttgart 1952.

*Partsch-Genzer:* Inkompatibilität der Mitgliedschaft in Bundestag und Bundesrat, AöR 76, S. 186.

*Peters,* Hans: Lehrbuch der Verwaltung, Berlin-Göttingen-Heidelberg 1949.

— Die Gegenwartslage des Staatskirchenrechts, in: Veröffentlichungen der Vereinigung der Deutschen Staatsrechtslehrer, Heft 11, Berlin 1954.

*Plog-Wiedow:* Kommentar zum Bundesbeamtengesetz, Neuwied a. Rh. 1958.

*Reinhardt:* Das Bundesverfassungsgericht und das Gesetz zu Art. 131 GG, RdA 1954, S. 41.

*Rittau:* Soldatengesetz, München und Berlin 1957.

*Roeder:* Zum Begriff und Wesen des Arbeitsrechts des öffentlichen Dienstes, DJ 1942, S. 807.

*Rösner:* Die Besonderheiten der Dienstverhältnisse der Angestellten und Arbeiter im öffentlichen Dienst, Dissertation, Frankfurt a. M. 1955.

*Rosenberg:* Lehrbuch des deutschen Zivilprozeßrechts, 8. Aufl., München und Berlin 1960.

*Scharmann:* Arbeit und Beruf, Tübingen 1956.

*Scherer:* Soldatengesetz, Berlin-Frankfurt a. M. 1956.

— Die Rechtsstellung des Soldaten, ZBR 1956, S. 114.

*Scherer-Flor:* Wehrpflichtgesetz, Berlin-Frankfurt a. M. 1957.

*Schmitt,* Werner: Der Verlust des Abgeordnetenmandats in den politischen Volksvertretungen der Bundesrepublik Deutschland, Dissertation, Göttingen 1955.

*Siebert:* Rechtsstellung und Haftung der Technischen Überwachungs-Vereine im Kraftfahrzeugprüfungswesen, Heidelberg 1957.

*Staudinger:* Kommentar zum Bürgerlichen Gesetzbuch, II. Band (Recht der Schuldverhältnisse), erl. von Nipperdey-Mohnen-Neumann, 11. Aufl., Berlin 1958.

*Triepel:* Staatsdienst und staatlich gebundener Beruf, in: Festschrift für Binding, 2. Band, Leipzig 1911.

*v. Turegg:* Lehrbuch des Verwaltungsrechts, 3. Aufl., Berlin 1956.

*Ule:* Das besondere Gewaltverhältnis, in: Veröffentlichungen der Vereinigung der Deutschen Staatsrechtslehrer, Heft 15, Berlin 1957.

*Wacke:* Das Dienstrecht der Behördenangestellten, Berlin 1933 (zit.: Behördenangestellten).

— Öffentliches Dienstrecht, Berlin 1939.

— Zur Neugestaltung des Beamtenrechts (Bemerkungen zu den Unterschieden der drei deutschen Dienstrechte), AöR 76, S. 385.

— Stehen die Angestellten der öffentlich-rechtlichen Kreditanstalten im öffentlichen Dienst? Rechtsgutachten vom 25. Juni 1953, hrsg. vom Verband der öffentlich-rechtlichen Kreditanstalten Hannover (zit.: Kreditanstalten).

— Entstehungsgeschichte und Inhalt des Arikels 33 Absatz 5 des Grundgesetzes, in: Neues Beamtentum, Frankfurt a. M. 1951.

— Die Anwendung beamtenrechtlicher Vorschriften im Dienstrecht der Angestellten — Ihre Wirkung bei den Dienstordnungsangestellten der Sozialversicherung, ZBR 1955, S. 229.

— Grundlagen des öffentlichen Dienstrechts, Tübingen 1957 (zit.: Grundlagen).
— Das Personalvertretungsgesetz und seine Kommentare, JZ 1957, S. 289.
— Das Gesamt-Personalrecht des öffentlichen Dienstes, DÖV 1958, S. 278.

*Weber*, Werner: Die Körperschaften, Anstalten und Stiftungen des öffentlichen Rechts, 2. Aufl., München und Berlin 1943.
— Das Berufsbeamtentum im demokratischen Rechtsstaat, Heft 2 der Schriftenreihe des Deutschen Beamtenbundes, 1952.
— Die Gegenwartslage des Staatskirchenrechts, in: Veröffentlichungen der Vereinigung der Deutschen Staatsrechtslehrer, Heft 11, Berlin 1954.
— Die Rechtsstellung der Dienstordnungsangestellten der Sozialversicherungsträger, ZBR 1955, S. 129.

*Wilrodt-Gotzen:* Schwerbeschädigtengesetz, München und Berlin 1953.

*Witting:* Begriff, geschichtliche Entwicklung und Rechtsquellen des öffentlichen Dienstes, in: Arbeitsrechts-Blattei Band D, Stichwort „Öffentlicher Dienst", Stuttgart 1953.

*Wolff*, Hans-Julius: Der Unterschied zwischen öffentlichem und privatem Recht, AöR 76, S. 205.
— Verwaltungsrecht I, 3. Aufl., München und Berlin 1959.

*Wurster-Isensee-Gohla:* Bundesbesoldungsgesetz, Hamburg-Berlin-Bonn 1957.

*Zinn-Stein:* Die Verfassung des Landes Hessen, Bad Homburg v. d. H. und Berlin 1954.

Die öffentlichen Unternehmen in der Bundesrepublik und in Berlin (Eine vorläufige Übersicht), zusammengestellt von der Gesellschaft der öffentlichen Wirtschaft e. V., Köln-Deutz 1957.

MIX
Papier aus verantwortungsvollen Quellen
Paper from responsible sources
FSC® C105338

Printed by Libri Plureos GmbH
in Hamburg, Germany